IPOを
やさしく解説！
上場準備
ガイドブック 第4版

EY新日本有限責任監査法人［編］

同文舘出版

刊行にあたって

　本書は，株式上場（IPO）を目指す経営者や IPO 実務担当者のみならず，IPO に関心をおもちの皆さまに対して，IPO のプロセスをわかりやすく理解していただくための解説書です。

　2008 年のリーマンショックで新規上場市場はいったん落ち込みましたが，2014 年以降は経済環境の好転にも助けられて，新規上場市場は回復の兆しがみえてきました。そして，2019 年は 86 社と，少しペースダウンはしたものの過去 5 年間は 80 社を超える新規上場会社が生まれています。2019 年は 86 社中 64 社がマザーズ市場への上場を果たしており，設立経過年数が比較的短く，企業規模は小さいものの成長性が高い会社の上場が続いています。ただし，2020 年は新型コロナウィルスの影響により，世界経済や株式市況など多くの不透明な状況が起きています。

　このように新規上場には逆風であっても，若くて成長性の高い会社が上場を通じて株式市場から新規の資金調達ができることは，会社の成長を加速させ，ひいては日本経済の発展にも寄与します。一方で設立から日の浅い会社，成長性の高い会社では，業績の拡大を優先して，内部管理体制の整備は後回しになってしまう傾向があります。上場会社になることは，一般投資家や株式市場に対する一定の責任を負うことになり，IPO では，業績の拡大（成長性）と内部管理体制の整備及び運用の両面が求められます。

　本書では，IPO の全体像の理解や上場のスケジュール，IPO に求められる経営管理体制や業務管理体制などを解説しています。また，IPO に

とって必要な事業計画，資本政策および税金知識についても，それぞれ独立した章立てで詳細に記述しています。さらに，それぞれのテーマごとに見開きページで簡潔にまとめることで，興味のあるページからお読みいただくことができる構成になっています。

　本書が，読者の皆さまにとりまして IPO の正しい理解につながり，IPO の達成やそのサポートに少しでもお役にたてば幸いです。

　最後に，本書の執筆，編集に際して多大なるご尽力をいただいた同文舘出版の青柳裕之氏と大関温子氏に，この場を借りて心よりお礼申し上げます。

　2020 年 7 月

EY新日本有限責任監査法人

監修責任者　矢治　博之

目次

第1章 IPOの全体像を知ろう 〜株式上場〜

1-1	株式の上場とは	2
1-2	公募，売出しとは	4
1-3	IPOのメリット(1)	6
1-4	IPOのメリット(2)	8
1-5	上場企業に求められる責任や負担	10
1-6	自社の株価を知る方法	12
1-7	IPO時の資金調達額	14
1-8	IPO以外の手段もある？	16
1-9	日本の証券市場	18
1-10	本則市場と新興市場	20
1-11	新興市場の種類	22
1-12	海外市場への道もあり	24
1-13	東京証券取引所の市場区分の見直し	26
	一口メモ	28

第2章 スケジュール管理と関係者の助言は不可欠 〜IPOスケジュールとIPO支援関係者〜

2-1	IPOまでの全体スケジュール	30
2-2	上場意思決定期間にすべきこと	32
2-3	直前期，直前々期にすべきこと	34
2-4	申請期に必要なこと	36
2-5	主幹事証券会社の役割	38
2-6	監査法人の役割	40

2−7	印刷会社・株式事務代行機関の役割	42
2−8	ベンチャーキャピタル(VC)の役割	44
2−9	その他の関係者の役割	46
2−10	アウトソーシング	48
一口メモ		50

第3章 事業計画は将来への道しるべ ～事業計画～

3−1	事業計画の意義(1)	52
3−2	事業計画の意義(2)	54
3−3	合理的な事業計画の策定	56
3−4	事業計画の策定プロセス	58
3−5	経営理念・経営ビジョンの策定	60
3−6	環境分析(1) ファイブフォース分析, バリューチェーン分析	62
3−7	環境分析(2) 3C 分析	64
3−8	環境分析(3) SWOT 分析	66
3−9	事業戦略の策定手法(1) ポジショニング分析	68
3−10	事業戦略の策定手法(2) ポーターの競争戦略	70
3−11	事業計画の策定(1) 総論	72
3−12	事業計画の策定(2) 売上計画	74
3−13	事業計画の策定(3) 予算管理と月次決算	76
一口メモ		78

第4章 資本政策のアウトラインを理解しよう ～資本政策～

| 4−1 | 資本政策とは | 80 |

目次 | v

4-2	資本政策策定上の留意事項 ………………………	**82**
4-3	資本政策の策定における専門家の利用 ………………	**84**
4-4	経営者が決めるべき事項 ………………………	**86**
4-5	安定株主対策 …………………………………	**88**
4-6	資金調達 ………………………………………	**90**
4-7	付与先別のインセンティブプランの留意点 …………	**92**
4-8	インセンティブを付与する量の留意点 ……………	**94**
4-9	現物株式によるインセンティブプラン ………………	**96**
4-10	従業員持株会によるインセンティブプラン …………	**98**
4-11	ストック・オプションによるインセンティブプラン ……	**100**
4-12	創業者利益 ……………………………………	**102**
4-13	IPO 後の株主 …………………………………	**104**
一口メモ	………………………………………………	**106**

第5章 IPO では税金のこともお忘れなく ～ IPO に関する税金～

5-1	株式譲渡の際に払う税金 ………………………	**108**
5-2	贈与の際に払う税金 ……………………………	**110**
5-3	第三者割当増資における課税 …………………	**112**
5-4	税制適格ストック・オプションを導入する意義 …	**114**
5-5	財産保全会社を設立する意味 …………………	**116**
5-6	後継者(子供)のための事業承継対策 …………	**118**
5-7	未上場株式の評価－時価 ………………………	**120**
5-8	未上場株式の評価－株価算定 …………………	**122**
5-9	その他の税金で気をつけること …………………	**124**
一口メモ	………………………………………………	**126**

第6章　IPOで求められる組織や社内体制とは
～経営管理体制～

6-1	コーポレート・ガバナンス体制の構築	128
6-2	規程の整備	130
6-3	会社組織の整備	132
6-4	意思決定機関の整備(1)	134
6-5	意思決定機関の整備(2)	136
6-6	意思決定機関の整備(3)	138
6-7	稟議等決裁制度	140
6-8	内部監査制度	142
6-9	監査役監査	144
6-10	上場後の内部統制報告制度　全社的な内部統制	146
一口メモ		148

第7章　業務の流れを見直そう
～業務管理体制～

7-1	販売管理のポイント(1)	150
7-2	販売管理のポイント(2)	152
7-3	購買管理のポイント	154
7-4	在庫管理のポイント	156
7-5	資金管理のポイント	158
7-6	固定資産管理のポイント	160
7-7	人事労務管理のポイント	162
7-8	上場後の内部統制報告制度　業務処理統制	164
7-9	ビジネス文書のデジタル化	166
一口メモ		168

目　次 | vii

| 第8章 | 身内やグループ会社との関係もよく検討
〜関連当事者等との取引・関係会社の整備・子会社上場〜 |

8−1	関連当事者等との取引	170
8−2	関連当事者等	172
8−3	取引の解消の必要性	174
8−4	取引が行われている場合の上場審査上の判断	176
8−5	関連当事者等との取引の解消	178
8−6	管理体制の構築	180
8−7	ディスクロージャー	182
8−8	関係会社の整備	184
8−9	子会社上場に該当する場合	186
一口メモ		188

| 第9章 | 上場のために必要な資料と開示とは
〜審査書類とディスクロージャー〜 |

9−1	新規上場申請のための有価証券報告書（Ⅰの部）	190
9−2	Ⅱの部および各種説明資料（マザーズ）， JASDAQ上場申請レポート	192
9−3	新規上場申請のための四半期報告書	194
9−4	有価証券届出書・目論見書	196
9−5	上場後の開示	198
一口メモ		200

第10章	2つの審査をクリアするために ～証券会社と証券取引所の審査～

10-1　上場までの2つの審査 ……………………………… 202

10-2　主幹事証券会社の審査（引受審査）……………… 204

10-3　証券取引所の審査（上場審査）…………………… 206

10-4　形式要件………………………………………………… 208

10-5　実質審査基準………………………………………… 210

10-6　業績見通し…………………………………………… 212

10-7　業績見通し以外の審査項目……………………… 214

10-8　社長面談および社長説明会……………………… 216

10-9　上場会社に求められる責任……………………… 218

10-10　コーポレート・ガバナンスの充実………………… 220

参考資料　形式要件の比較表……………………………… 222

一口メモ …………………………………………… 224

あとがき　225

参考文献　226

IPO をやさしく解説！

上場準備ガイドブック（第 4 版）

第1章

IPOの全体像を知ろう
〜株式上場〜

1−1 株式の上場とは

■ 株式の上場とは ■

未上場会社

株主・経営者

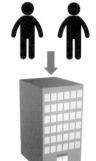

少数の株主による少数での経営

一般投資家

上場会社

株主・経営者

一般投資家に開放 資金調達の範囲拡大

証 券 市 場

一般投資家

第 1 章
IPOの全体像を知ろう

はじめに

　IPO という言葉自体は，株式の上場として馴染みが深いものとなっていますが，そもそも「IPO（株式の上場）をする」とは具体的にはどういうことなのでしょうか。

　この章では，「IPO」をするとはどういうことなのか，IPO を目指す際には，経営者はどういったことを考慮しなければいけないのか，を解説します。

IPO（株式の上場）とは

　未上場会社では，株式は同族など特定の限られた者に保有され，その譲渡も制限されていることが通常です。IPO（株式の上場）とは，この自社の株式を，不特定多数の一般投資家に開放して，株式市場において自由に売買ができるようにすることをいいます。つまり，証券取引所が開設する株式市場で株式を自由に売買できるようにすることです。

　なお，「PO」とは「Public Offering」の略で，上場会社が公募・売出しを行うことをいいます。これに対し，「IPO」は「Initial Public Offering」の略であり，「新たに」株式を公開し，公募・売出しをすることをいうのです。

魅力あるパブリックカンパニーへ

　IPO により，広く一般投資家から資本参加を求めることとなるため，会社は IPO をきっかけにプライベートカンパニーを脱却して，パブリックカンパニーになるといわれます。

　一般投資家から投資を受けるためには，その投資に見合う魅力的な会社である必要があります。IPO をするということは，魅力ある会社作りをすることにほかなりません。

1-2 公募,売出しとは

■ 公募 ■

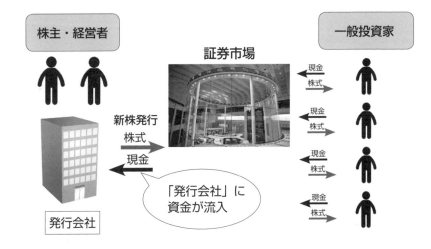

■ 売出し ■

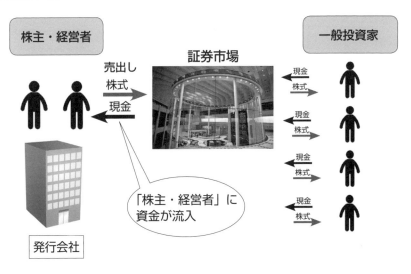

IPO の際の資金調達

　IPO の際には，会社の株式を一般投資家に譲渡することになりますが，その方法には2つの方法があります。それが「公募」と「売出し」です。

　「公募」と「売出し」は，「誰に」資金が流入するかが異なりますので，資金調達の目的によって使い分けることが必要になってきます。

公募，売出しとは

　「公募」とは，不特定かつ多数の投資家に対し，新たに発行される有価証券の取得の申込みを勧誘することをいいます。

　つまり，IPO の際には，新たに株式を発行し，その新株を投資家が取得することにより，「会社」に資金が払い込まれることになります。これにより会社に資金が流入し，自己資本が増強されるため，今後の会社の成長のための資金調達となりえます。

　「売出し」とは，すでに発行された有価証券の売付けの申込みまたはその買付けの申込みの勧誘のうち，均一の条件で 50 人以上の者を相手方として行うことをいいます。

　つまり，創業者などが保有する既存の株式を，一般投資家に譲渡することをいいます。IPO の際には，通常，設立時よりも会社が成長していますので，出資時に比べて高い価格により譲渡がされます。この「売出し」の際に生じる売却益により，創業者利益を得ることができます。

　ただし，公募や売出しの株数が多すぎると，安定株主の支配比率が低くなりすぎて買収リスクにさらされることもありえますので，慎重に資本政策を策定する必要があります。この点については，**第4章**で詳細に解説します。

1-3 IPOのメリット(1)

■ IPOの4つのメリット ■

企業成長の手段
・資金調達手段の多様化
・知名度・信用力の向上
・優秀な人材確保
・個人的経営からの脱却
・内部管理体制の充実

従業員のメリット
・ストック・オプションによるキャピタルゲイン
・モチベーションの向上
・福利厚生制度の充実

経営者のメリット
・経営者のキャピタルゲイン（創業者利益の獲得）
・個人保証の解消

後継者への引継ぎ
・株式の換金性の高まりによる相続対策
・所有と経営の分離
・優秀な後継者候補の獲得

▌企業成長の手段

　IPO は，企業成長を後押しする重要な機会と捉えることができます。なぜなら企業成長に寄与するさまざまなメリットを享受することができるからです。

　企業が享受する最大のメリットは資金調達手段の多様化です。IPO 時の公募増資だけでなく，上場後においても，公募による時価発行増資や，新株予約権・新株予約権付社債の発行といった資金調達の選択肢が広がります。資金調達能力が増大することにより，企業の成長戦略の幅が広がることになります。

　また，上場会社になることにより，一般投資家の投資銘柄となるため，新聞報道などの機会も増えることになり，会社の知名度が飛躍的に向上することになります。また厳しい上場審査を乗り越えて上場した会社は，健全な企業，あるいは将来性のある企業というステータスが得られ，取引先・金融機関などからの信用力が高くなります。知名度や信用力の向上は優秀な人材確保にも寄与することになります。

　IPO をするには，パブリックカンパニーとして必要な社内の管理体制を整備する必要があります。そしてその充足の是非について，主幹事証券会社や証券取引所の厳しい審査を乗り越える必要があります。
　この上場準備における整備過程において，個人的な経営から脱却し，組織的な企業運営の仕組みを構築していくため，ひいては会社の内部管理体制の充実が図られることになります。

1-4 IPOのメリット(2)

経営者のメリット

　経営者における最大のメリットは，IPO時に保有する株式を「売出し」して売却益を得ることによる，キャピタルゲイン（創業者利益）の獲得といえるでしょう。経営者は自己のリスク負担と努力により，企業を成長させ，その企業価値を向上させてきています。IPOによるキャピタルゲインは，これまでの努力に対する正当な対価を得る行為といえるのです。

　また，上場会社になることにより，会社の信用力が飛躍的に向上することになります。信用力の向上により経営者が受けるメリットの1つとして個人保証の解消があげられます。未上場企業は一般的には信用力が低いため，多くの場合に銀行借入や賃貸借契約に対して経営者の個人保証を求められますが，上場すると，個人ではなく会社としての信用力により資金調達などを行うこととなるため，この個人保証が解消されうることになるのです。

従業員のメリット

　経営者が持株を譲渡してキャピタルゲインを得るだけでなく，従業員も株式を保有していたり，ストック・オプションといったインセンティブ・プランが付与されていれば，従業員もキャピタルゲインを得ることができます。また，従業員持株会制度といった福利厚生制度の充実を図ることも考えられます。

　さらに，上場することで会社の知名度や信用力が向上すれば，社員のモチベーションの向上にも寄与することでしょう。

▍後継者への引継ぎ

　経営者にとって，将来の後継者への事業承継は，必ず生じてくる重要な課題です。未上場企業では，通常所有と経営が一致しているため，経営を引き継ぐ際は，株式も引き継ぐことが一般的です。親族承継のみならず，役員や従業員への承継の場合でも同様の課題が生じます。

　親族承継で株式を相続等により引き継ぐ際には，資金面の手当てが必要になります。未上場株式自体は換金性に乏しいため，相続税等の納付のために別途に資金調達が必要になるケースもあります。

　その点，上場株式となれば，いつでも株式市場を通じて株式の売買が可能となるため，株式の換金性が高まります。このため，事業承継対策の観点からも，IPO は有効な手段といえます。

　役員や従業員が株式を取得し事業を承継する場合には，その株式購入資金は多額になることが多く，資金確保はより重要な問題となります。

　この点，上場会社であれば，所有と経営が分離しているため，親族以外の役員や従業員が経営者となる場合に，必ずしも株式譲渡をする必要がありません。また，優秀な後継者候補を外部から招へいする場合においても，上場会社となり，知名度や信用力を向上させることは有用です。

　事業承継のためには IPO は適さないものと考えられがちですが，上述のようなメリットもあるため，事業承継手段の選択肢としても有用です。

1-5 上場企業に求められる責任や負担

■ IPO後の責任や負担 ■

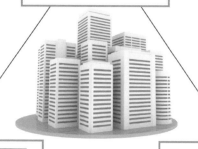

一般投資家
・ディスクロージャー義務
・株式事務の負担
・上場維持コスト
・株主総会対策
・株価へのプレッシャー

一般社会全体
・企業の社会的責任（CSR）
・コンプライアンス経営

想定しない投資家
・会社が想定しない株主の登場および経営への関与
・買収リスク

第1章
IPOの全体像を知ろう

11

▌一般投資家との関係

　上場会社の発行する株式は，不特定多数の投資家の投資対象となりますので，その投資家保護の観点から，決算発表や，企業内容の適時適切な開示等が要求されるなど，さまざまな事項を開示する義務（ディスクロージャー義務）が生じます。開示資料が増加することになるため，経理部門を中心にディスクロージャー関連の手間が増加します。

　また，株主の数も増加することから，株主総会に関連する総務的なコストなど，一般に管理コストは増加します。

　さらに，証券取引所への上場管理料や，監査費用など，一定の上場維持コストの負担は避けられません。上場後は，内部統制報告制度（J-SOX）への対応も必要となり，上場維持コストは増加傾向にあります。

▌一般社会全体に対する社会的責任

　IPO後はパブリックカンパニーとしての社会的責任を問われることになります。さらに，近年企業の社会的責任の重みは増す傾向にあります。

　また，組織的な企業統治体制を構築する必要があり，プライベートカンパニーであれば許されていた経営者との取引関係を解消するなど，コンプライアンス経営の実践が要求されます。特に不祥事が生じた場合の影響は大きく，単に会社の利益を追求するだけでなく，さまざまなステークホルダーに配慮した経営を行っていく必要があります。

▌想定しない投資家との関係

　未上場会社は，一般的に，株式の譲渡に際して取締役会等の決議を要する「譲渡制限会社」とし，見ず知らずの株主が経営に関与してくることを防止しています。上場する際はこの制限を解除し，投資家は会社の承認なしに株式を売買することが可能になるため，会社の想定しない株主が登場したり，買収リスクにさらされたりすることもありえます。

1-6 自社の株価を知る方法

■ 簡便的な株価の算出方法 ■

※ 株価収益率（Price Earnings Ratio：PER）＝ 時価総額÷当期純利益

■ 業績別のPER ■

　2018年1月以降2020年3月までに上場した主要業種別企業156社※のPER（公開価格/1株当たり当期純利益）の平均値

業種	PER	社数	業種	PER	社数
サービス	42.7倍	64社	卸売業	15.2倍	10社
情報・通信	52.9倍	42社	建設	15.8倍	8社
不動産	30.4倍	13社	その他製品	17.9倍	5社
小売業	28.2倍	11社	保険	50.7倍	3社

※ 156社は，上記8業種のうちTOKYO PRO Marketに上場した企業を除いている。また，1株当たり当期純利益がマイナスとなっている企業も除いている。

自社の株価がどうやって決まるのか

公募、売出し時の価格である公開価格の決定では、一般的にブックビルディング方式が採用されます。この方式では、一定の指標や機関投資家の意見を基に仮条件を設定し、それをベースに投資家の需要状況を把握して公開価格が決定されることになります。

このため、株式上場時の需要動向により価格が左右されることになるのですが、一定の指標がベースになることが多く、以下の簡便な算出方法が参考になります。

上場申請期の（予想）当期純利益×類似業種の PER × IPO ディスカウント
＝上場時の時価総額
つまり、
1 株当たり当期純利益×類似業種の PER × IPO ディスカウント
＝上場時の株価

IPO ディスカウントとは、新規の株式公開時に未上場企業の情報の不十分性や今後の業績の変動リスクなどが考慮されるため、例えば 2、3割といった一定のディスカウントがされるというものです。

例えば、上場申請期の当期純利益が 5 億円、類似業種の PER が 15 倍、IPO ディスカウントを 2 割と仮定した場合、上場時の時価総額は「5 億円× 15 倍× 0.8 倍＝ 60 億円」といった金額になるわけです。これにより算出される株価が公募・売出しを行う際の価格の目安となってきます。

PER は、利益がすべて配当に回された場合に何年で投資額を回収できるかという指標としてみることができ、将来の高い利益の伸びが見込める場合は高くなる傾向にあります。

将来の成長性が高い魅力的な企業ほど、高い株価がつきやすいといえます。

1-7 IPO時の資金調達額

経営者が議決権の100%を保有していた場合

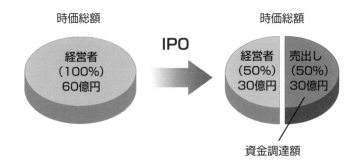

経営者が議決権の70%を保有していた場合

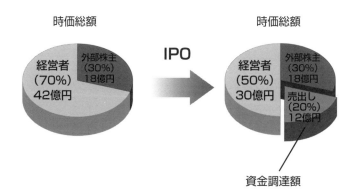

　IPO後も議決権を一定以上確保しようとする場合、売出しによる資金調達額は、経営者が議決権の100%を保有していた場合に比べて少なくなります。
　いずれの場合も公募は行わない想定のシミュレーションです。

安定株主の議決権比率の確保

　前節では IPO 時の株価および時価総額の考え方を説明しました。それでは次に，IPO 時に「株主」や「会社」に流入する資金はいくらになるでしょうか。

　IPO 時の資金調達では安定株主の議決権割合も考慮すべき事項です。通常の場合，上場時の企業規模はそれほど大きくないため，他の企業や投資家から買収を受けるリスクにさらされることになります。経営安定のためには，上場後も，オーナーなど安定株主の議決権割合を一定以上保つことが望まれ，なるべくその議決権割合を維持できる範囲での資金調達を検討することになります。

IPO 時の資金調達の考え方

　前節の例では，時価総額は 60 億円と算出されました。仮にオーナーが上場時に 100％の株式を保有していた場合には，上場後に過半数の議決権を確保できるように売出しをすると，理論上は 30 億円程度の資金調達が可能となります。

　しかし，仮にオーナーの保有割合が 70％の場合に，オーナーが過半数の議決権を確保しようと思うと，売出しによる資金調達可能額は，100％保有していた場合より少ない 12 億円となります。

　また，IPO 時に公募をすると，新株の発行により経営者の持株比率は低下するため安定株主比率の計算はより複雑になります。

　さらに，上場申請期の業績見込みが当初見込みより悪くなる場合や，類似業種の PER が低くなる場合には，上場時の時価総額は 60 億円より低くなり，資金調達額も減少することになります。

　上記のとおり，IPO までの株式の保有状況だけでなく，会社業績や株式市況によっても資金調達額は影響を受けます。そのため資本政策を慎重に考える必要があります。資本政策の考え方や安定株主対策については，**第 4 章**で解説します。

1-8 IPO以外の手段もある？

■ さまざまな資金調達手段 ■

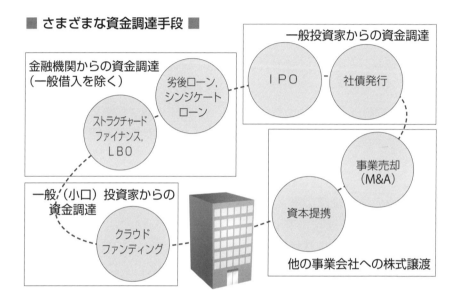

金融機関からの多様化した資金調達手法

[シンジケートローン]…複数の金融機関がシンジケート団を組成し，1つの融資契約書に基づき同一条件で融資を行う借入契約であり，取引条件の統一や事務負担の軽減が可能である。

[劣後ローン]…会社が経営破たんなどした場合の金融機関への支払順位が普通の債務より低い無担保借入であり，その分借入金利が高い。

[ストラクチャードファイナンス]…債権流動化や不動産の流動化など，会社が所有している資産を証券化して行う資金調達である。

[LBO]…レバレッジド・バイ・アウトは，買収先の資産およびキャッシュ・フローを担保に資金を調達し，買収後のキャッシュ・フローの増加で資金を返済していくM&A手法である。少ない自己資本で相対的に大きな資本の企業を買収できる。

IPO以外の手段との比較

　企業を成長させるために，IPOはきわめて有効な手段となります。しかし，その達成には，一定の時間やコストがかかることは避けられないため，IPOの位置づけを明確にし，上場準備を進めるべきです。この節では，IPOという手段以外の資金調達手段や創業者利益の実現を達成する方法について考えます。

資金調達手段

　IPOは資本が増強され，財務体質が強化されることがメリットです。一方で，借入という手段で構わない，ということであれば，近年多様化している資金調達手法を利用することも考えられます。

　借入の方法も，シンジケートローン，劣後ローン，ストラクチャードファイナンス，とさまざまな手法が存在します。また，未上場企業でもLBO（レバレッジド・バイ・アウト）を活用した企業買収の事例も見受けられます。

　また，クラウドファンディングという手法も近年広がっています。これは広く一般投資家から小口の資金を募る比較的少額の資金調達手法ですが，資金調達の方法が多様化してきていることの表れです。

創業者利益の実現

　ベンチャー企業の創業者が利益を得る手段として，会社を第三者に譲渡（M＆A）することも1つの手段です。IPOよりも準備に手間がかからず，また，相手先となる事業会社によっては，シナジー効果を見込み，IPOの場合より高い株価になる可能性もあります。ただし，経営権を第三者へ譲渡してしまうことになるため，従業員にとっては不安定な手段といえるでしょう。

1-9 日本の証券市場

■ IPOが可能な市場 ■

株式市場の仕組み

　会社が一般投資家に資本参加を求める場合，投資家がいつでも投下した資本を回収できる仕組みが必要となります。このため，一般投資家がいつでも株式を売買できる市場が設けられています。これが証券取引所です。

証券取引所の種類

　国内には日本取引所グループの東京証券取引所および名古屋，札幌，福岡の計4ヵ所の証券取引所で株式の上場ができます。

　証券市場には，本則市場と称される市場と，新興市場と称される市場があります。

　本則市場に関しては，東京，名古屋の各証券取引所はそれぞれ市場第一部と市場第二部があり，札幌と福岡には1つの市場があります。

　なお，日本取引所グループの市場統合により，以前は東京と大阪でそれぞれ別々にあった市場第一部と市場第二部は，2013年7月16日に東京証券取引所に統合されました。この統合に伴い大阪証券取引所はデリバティブ市場となっています。

　新興市場とは，その名のとおり成長著しい新興企業のための市場であり，「マザーズ」，「JASDAQ スタンダード」，「JASDAQ グロース」，「セントレックス」，「アンビシャス」，「Q-Board」が，各証券取引所にそれぞれ開設されています。

　また，成長力ある企業向けの新たな資金調達の場として，直接買付けができる投資家をプロ投資家に限定した「TOKYO PRO Market」が東京証券取引所に開設されています。

1-10 本則市場と新興市場

■ 東京証券取引所における市場の関係 ■

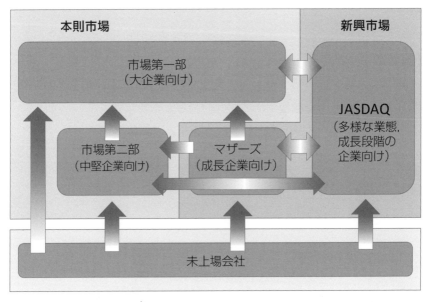

　　　　　　　　　　新規上場や，市場変更の流れ

▌企業に見合った市場を選ぶ

　一概にIPOを目指す企業といっても，成長力あるベンチャー企業から，長年事業を営み，すでに一定の規模を有している老舗企業までさまざまです。それぞれの株式市場には特色があるため，企業の規模や特性，成長段階にあわせて上場市場を適切に選ぶことが大切です。

▌本則市場を選ぶか

　本則市場は，大企業・中堅企業が上場する中心的な株式市場です。特に東京証券取引所の市場第一部は，株式売買の多くを海外投資家が占める国際的な市場として，世界でもトップクラスの市場です。

　市場第一部と市場第二部の違いは，主に株式数と売買高の違いですが，市場第一部は，一般にIPOをする会社の終着点となるため，市場第一部銘柄の会社は，信用力が最も高いイメージで捉えられています。

　本則市場は一定規模以上成長した企業が対象となるため，例えば，最近2年間の利益の総額が5億円以上必要となるなどの形式要件が厳しく，上場申請書類の作成量も多くなっています。

▌新興市場を選ぶか

　新興市場は，成長過程の比較的早い段階から企業が資金調達をできるように創設されたことから，本則市場と比較して，上場基準が緩和され，審査も短期間ですむようになっています。

　しかし，上場基準が緩和されている分，投資家にとって新興市場は，「ハイリスク・ハイリターン」の市場とも呼べるかもしれません。

　最終的に本則市場へ行くためのステップアップの市場として捉えられることが多いですが，新興市場の銘柄の方が，成長性がある企業というイメージもつくために，あえて新興市場に留まる企業もあります。

1-11 新興市場の種類

■ 新興市場の特色 ■

マザーズ

市場第一部へのステップアップを視野にいれた成長企業向けの市場

上場後10年経過時における市場選択制度がある

JASDAQ

- 信頼性
- 革新性
- 地域・国際性

スタンダード

一定の事業規模と実績を有する成長企業

グロース

特色ある技術やビジネスモデルを有し，将来の成長可能性に富む企業

セントレックス

成長の可能性

アンビシャス

- 成長が見込まれる，または安定的な成長を続けている中小・中堅企業

かつ

- 北海道とのつながりを有する

Q-Board

- 九州周辺に本店を有する企業または九州周辺における事業実績・計画を有する企業，かつ，成長可能事業の存在

▌マザーズ市場

　マザーズは，近い将来の市場第一部へのステップアップを視野に入れた成長企業向けの市場です。そのため，IPOをする会社には，「高い成長可能性」が求められます。高い成長可能性について，主幹事証券会社がビジネスモデルや事業環境などを基に評価することに特色があります。高い成長可能性を示すことが必要となる半面，小規模の企業や，現在は赤字決算の企業でも上場が可能となっています。

　また，上場の10年後には，マザーズに継続して上場するか，市場第二部に市場を変更するか選択する仕組みとなっています。

▌JASDAQ市場

　JASDAQは1963年店頭登録制度として創設されて以来の歴史のある新興市場で，旧大阪証券取引所へラクレス市場を統合した変遷を経て成り立っています。

　新しい産業や中堅・中小企業に幅広く資金を供給し，成長を支援することを基本理念としており，1. 信頼性，2. 革新性，3. 地域・国際性という3つのコンセプトを掲げています。

　現在，以下の特色をもった2つの内訳区分を有しています。

「スタンダード」…一定の事業規模と実績を有する成長企業群を対象
「グロース」………特色ある技術やビジネスモデルを有し，より将来の
　　　　　　　　　成長可能性に富んだ企業群を対象

▌その他の新興市場

　その他の証券取引所もそれぞれ新興企業向けの市場を運営しています。「セントレックス」（名古屋），「アンビシャス」（札幌），「Q-Board」（福岡）が，各証券取引所にそれぞれ開設されています。

　これらの市場では，地元周辺企業の育成の観点からのファーストステージという意味合いを持っています。

1-12 海外市場への道もあり

■ 国外企業が上場可能な主なアジアの株式市場 ■

韓国取引所（KRX）
台湾証券取引所（TWSE）
台北取引所（TPEx）
香港取引所（HKEx）
シンガポール取引所（SGX）

海外上場の目的が明確であるかが重要なポイント
- 資金調達の観点から有利かどうか
- 上場による海外市場のマーケティング効果の有無
- 海外企業との提携目的
- 人材の国際化

▌海外上場

これまでも，欧米で上場する大手企業はありましたが，アジアの証券取引所で上場を検討する企業も現れています。

ただし，アジアの証券取引所のすべてが，海外企業に開放されているわけではありません。現時点では，海外企業の株式が上場できる主なアジアの株式市場は，韓国取引所（KRX），シンガポール取引所（SGX），香港取引所（HKEx），台湾証券取引所（TWSE），台湾の台北取引所（TPEx）です。中国本土の取引所，例えば，深圳証券取引所や上海証券取引所などには海外企業が上場することはできません。

▌上場目的を明確に

海外で上場する目的は，日本で上場する目的と同様であり，資金調達や知名度の向上などがあげられます。すなわち，日本で資金調達するよりも海外で資金調達をする方が多額に調達できると考えられる企業や，海外での事業展開が経営戦略に位置づけられており，知名度を上げることを目標としているような企業は，海外上場のメリットがあるといえます。

ただし，一概に日本の市場よりも株価の状況がよいとは限らず，また，外国語による開示書類の作成が必要になるなど海外上場のコスト負担も大きく，資金調達の観点からは単純にアジア市場などが有利とは言い切れません。

海外市場への上場を考える際は，その上場目的を明確にし，海外市場の所在国が自社の事業展開の方向性と合致しているかなど，事前に自社の経営戦略上のメリットがあるかどうかを見極めることが必要です。

1-13 東京証券取引所の市場区分の見直し

■ 現在の市場区分と新市場区分 ■

現在の東京証券取引所においては，5つの市場区分が存在しますが，類似するコンセプトの市場を集約し，3つの新市場区分に移行される予定です。

現在の市場区分

市場第一部 流通性が高い企業向けの市場	JASDAQ 多様な企業向けの市場（実績ある企業・新興企業） スタンダード / グロース
マザーズ 新興企業向けの市場 / 市場第二部 実績ある企業向けの市場	

新市場区分　　※市場区分の名称は仮称

プライム市場	スタンダード市場	グロース市場
多くの機関投資家の投資対象になりうる規模の時価総額（流動性）を持ち，より高いガバナンス水準を備え，投資家との建設的な対話を中心に据えて持続的な成長と中長期的な企業価値の向上にコミットする企業向けの市場	公開された市場における投資対象として一定の時価総額（流動性）を持ち，上場企業としての基本的なガバナンス水準を備えつつ，持続的な成長と中長期的な企業価値の向上にコミットする企業向けの市場	高い成長可能性を実現するための事業計画及びその進捗の適時・適切な開示が行われ一定の市場評価が得られる一方，事業実績の観点から相対的にリスクが高い企業向けの市場

出所：東京証券取引所「新市場区分の概要等について」2020年2月21日

市場区分の見直し

　東京証券取引所は，市場構造のあり方等の検討を行った結果，2020年2月に「新市場区分の概要等について」を公表し，2022年4月1日を目途に，プライム市場・スタンダード市場・グロース市場（いずれも仮称）の3つの市場区分へ移行することを計画しています。

　これは，現在の市場区分を明確なコンセプトに基づいて再編することを通じて，上場会社の持続的な成長と中長期的な企業価値向上を支え，国内外の多様な投資者から高い支持を得られる魅力的な現物市場を提供することを目的として見直しを行うものです。

新市場区分における基準の考え方

　各市場区分は，そのコンセプトに応じ，時価総額（流動性）やコーポレート・ガバナンスといった定量的・定性的な基準により区分けされることとなります。

　機関投資家の投資対象になりうる規模（流通株式時価総額100億円以上など）を持ち，より高いガバナンス水準を備える企業向けの「プライム市場」，一定の時価総額（流通株式時価総額10億円以上）を持ち，基本的なガバナンス水準を備える企業向けの「スタンダード市場」，および高い成長可能性を実現するための事業計画を有する一方，事業実績からは相対的にリスクが高い企業向けの「グロース市場」の3区分が予定されています。

　各市場区分はそのコンセプトからそれぞれ独立し，現在のような「市場区分間の移行」に関する緩和された基準は設けられない予定になっており，市場区分の移行を希望する場合は，新規上場基準と同様の基準による審査が必要になります。このため，市場区分の見直し後にIPOを行う場合には，企業の規模や特性，成長段階に応じてより適した市場区分を選択することが必要と考えられます。

一口メモ

　会社は，IPO 時に新株を発行して公募を行う場合，目論見書において「新規発行における手取金の使途」を開示することになります。この項目をみると，新規上場会社がどのような目的で資金を調達したかがわかります。

　多くの新規上場会社が記載している資金使途は「設備投資」です。工場や店舗などへの必要な設備投資は，事業拡大を図るうえでの典型的な資金使途といえます。

　もっとも，業種によって資金使途はさまざまあり，例えばバイオベンチャーであれば，技術開発のための「研究開発資金」や「運転資金」といった記載が多く，IT やコンサルティングなどのサービス業では，「人材採用費」，「教育研修費用」，「広告宣伝・販売促進費用」といった記載がよく見受けられます。不動産業などでは，「金融機関からの借入金の返済」といった記載もあり，財務体質を改善し，さらなる開発資金を確保するための戦略としている場合もあります。

　また，業歴が長く比較的規模の大きな会社の場合では，「企業買収・事業買収といった戦略投資」を目的として記載し，M & A による事業拡大を見込んでいる会社もあります。

　共通していえるのは，いずれの会社も事業戦略上で必要となる資金を調達しており，自社の成長戦略の中に IPO が明確に位置づけられているということです。

第2章

スケジュール管理と関係者の助言は不可欠

～IPOスケジュールと
IPO支援関係者～

2-1 IPOまでの全体スケジュール

■ 全体スケジュール ■

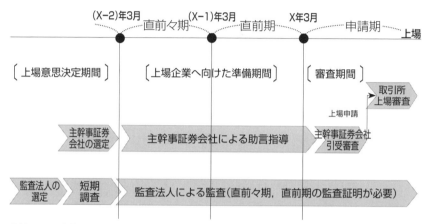

（注）3月決算を前提としています

■ 関係者を利用しよう ■

IPOへ向けて管理レベルを上げることは独力では困難！
IPOに関係する多くの専門家をうまく利用しましょう。

▌スケジュール

　会社の規模・業務管理体制により左右されますが，IPOスケジュールのスタートは，IPOを行う期（一般的に「申請期」といいます）の2～3年前となります。申請期の前2期間を一般的に「直前々期」「直前期」といい，証券取引所の規則により原則として当該2期間の公認会計士等による監査証明が上場申請の際に必要となります。

　株式上場に至るまでのスケジュールは大きく分けて3つの時期に区切られます。一般的には直前々期より前が上場を目指すという意思決定の時期，直前々期・直前期が上場準備の時期，申請期が上場の時期となります。上場を目指す意思決定の時期では主幹事証券会社・監査法人といった関係者の選定に始まり，IPOへの問題点を把握し包括的なスケジューリングを策定します。上場準備の時期では把握した問題点を改善します。申請期では証券取引所の上場審査をクリアし，上場会社となります。スケジューリングのいかんによっては遅れが生じて，上場を延期するケースもあります。したがって，上場準備スケジュールを関係者とよく相談しながら上場準備を進めることが重要です。

▌関係者

　IPOは，会社が独力で成し遂げられるものではなく，外部の関係者の支援を受けながら管理レベルを向上させることが不可欠です。IPO全般に関する助言指導を実施する主幹事証券会社，会計監査を実施する監査法人，申請書類などのサポートを行う印刷会社，株式事務を代行する株式事務代行機関は必要不可欠な関係者となります。さらに，株式上場前の資金の出し手であるベンチャーキャピタル，IPOコンサルティング会社，弁護士，社会保険労務士，情報開示の支援を実施するIR会社などがIPOに関与することもあります。

2-2 上場意思決定期間にすべきこと

■ 短期調査の内容 ■

短期調査の項目
① 事業に関する概要（事業内容，方針，特徴，競争環境，経営課題等）
② 利益管理制度の整備状況（事業計画，年度予算，月次予算，部門別損益管理等）
③ 会計に関する概要（会計方針，原価計算，決算書作成状況等）
④ 業務管理制度の整備状況（販売管理，購買管理，在庫管理，労務管理等）
⑤ 経営管理制度の整備状況（コーポレート・ガバナンス，組織，規定等）
⑥ 関係会社・特別利害関係者に関する概要
⑦ 内部統制報告制度（J-SOX）への対応状況
⑧ その他（上場スケジュール，IFRSへの対応状況等）

上記の調査を利用してギャップが何かを判断します

■ プロジェクトチームの編成 ■

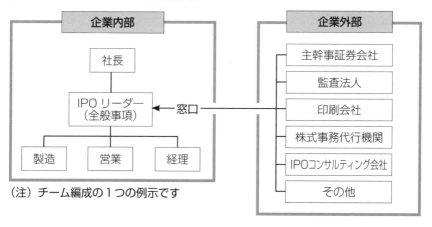

（注）チーム編成の1つの例示です

短期調査で問題点を抽出

　上場へ向けた作業を効率的に進めるには，上場における課題を明確に認識することが重要です。そこで，上場の意思決定がある程度固まった段階で，監査法人による短期調査（ショートレビュー，または予備調査）を受けます。短期調査とは，企業の現状を把握し，上場に向けて解決すべき問題点の抽出とそれに対する改善点と改善案やスケジュールなどを総合的に調査し，報告書として提出するものです。経営者はこの報告書の内容を詳細に検討し，最終的な上場意思決定を行います。会社・主幹事証券・監査法人との間で問題点を共有化することで，上場準備をスムーズに進めることができます。

会社内での準備

　上場審査のために多くの事前準備が必要となり，審査書類の作成のみならず，業務管理制度，コーポレート・ガバナンス制度を含む経営管理制度の改善など全社的な改善を伴います。したがって，プロジェクトチームを編成し，全社が一丸となり取り組むことが肝心です。改善活動はそれ自体では収益を生むことはできませんが，企業活動の効率化による費用削減を生み出します。

　また，事業計画の見直し，資本政策の策定，関連当事者等との取引・関係会社の整備に関する改善計画の準備などが必要となります。

　このように上場の意思決定の時期は，IPOへ向けた問題点の抽出，関係者の選定・契約，そして会社内部のIPOへ向けた準備を行います。

2-3 直前期，直前々期にすべきこと

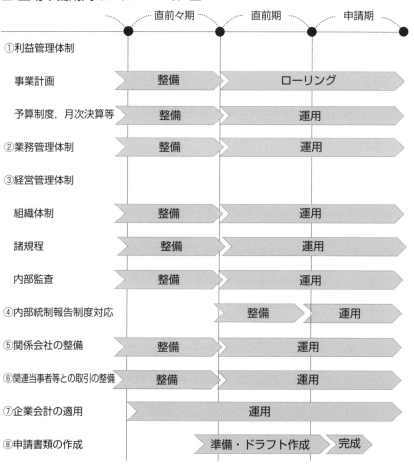

■ 上場準備期間のスケジュール ■

　上場準備期間（直前々期，直前期）では「整備・運用」というキーワードが重要となります。
　直前期には上場会社と同程度の管理体制が求められます。

会社内の対応

　短期調査により指摘された不備項目について，整備だけでなく最低でも1年程度の運用実績が求められます。直前々期において不備項目に関する規程などの作成・仕組み作りを整備し，直前期ではその運用が必要になります。内部監査を例にすると，内部監査ができる体制を直前々期に整備し，直前期には内部監査の運用が求められます。また，諸規程の整備を例にすると，職務分掌規程や職務権限規程などを，会社の実態に適合した形で直前々期中に整備し，直前期では規程どおりに運用されていることが必要です。

　上場申請書類の作成も始めなければなりません。正式な上場申請書類の提出は申請期となりますが，直前期には一部が空欄であったとしてもドラフトを作成し，主幹事証券会社・監査法人・印刷会社に事前チェックや助言指導を依頼することになります。

IPO プロジェクトの管理

　直前々期と直前期で必須作業が多岐にわたり，すべての項目を同時並行に進めなければなりません。また，審査では短期間に多数の質問に対応しなければなりません。

　具体的作業を明確にし，優先順位をつけ，全社を巻きこんで作業を進めなければなりません。そのために，進捗管理は重要であり，タイムリーに作業状況がわかるようにする必要があります。

2-4 申請期に必要なこと

■ 上場時までに定款変更をしなければならない項目 ■

株式譲渡制限の廃止

株式の譲渡が自由にできるようにするため，株式譲渡制限が定款に規定されている場合には，定款変更して廃止します。

株主名簿管理人の設置

自社で株主名簿を管理している場合には，株式事務代行機関に委託します。株式事務代行機関を設置するには，その旨を定款に記載するため，定款変更が必要です。

官報以外への公告の方法の変更

公告の方法について，全国版日刊紙あるいは電子公告の方法とするよう，定款変更が必要です。

会計監査人，監査役会（または監査等委員会）の設置

会社法上設置することが義務とならない規模の会社でも，上場時には，会計監査人設置会社，監査役会（または監査等委員会）設置会社でなければなりません。会計監査人設置会社，監査役会（または監査等委員会）設置会社とするためには，定款を変更する必要があります。

単元株制度の採用

売買株式数の最低数である単元株を 100 株にすることが必要です。単元株数は定款に記載する必要があります。

会社内の対応

直前期に関わる定時株主総会で決算が確定すると，上場申請書類の直前期の数値が埋まります。また，「株式譲渡制限の廃止」「株主名簿管理人の設置」「官報以外への公告の方法の変更」などに関する定款変更が上場申請までに必要となります。

引受審査

主幹事証券会社へ上場申請書類を提出する前後で，会社は主幹事証券会社から出される質問に対応しなければなりません。

会社は，さまざまな質問に対して正確かつ迅速に回答する対応が必要です。対応できない場合には，上場会社となるには内部管理体制が不十分であると判断される可能性もあります。

また，申請期の月次予算の進捗状況や月次予実差異分析についても質問されます。予算と実績に大幅な乖離がある場合には，会社の予算編成体制に問題があると判断される可能性もあります。

その他，四半期決算を含めて情報開示が，タイムリーにできるかどうかといった観点からも審査されます。詳細は**10－2**をご参照ください。

上場審査

申請期のメインイベントは何といっても証券取引所の上場審査となります。想定問答や予行演習といった事前対応が主幹事証券会社により実施されますが，上場審査は IPO の最後の難所となります。詳細は**10－3**をご参照ください。

IPO

証券取引所の上場審査を経て無事に上場承認が正式に決定され，管轄の財務局に有価証券届出書を提出します。また，一般投資家の投資意思決定のための目論見書の配布が必要となります。

2-5 主幹事証券会社の役割

■ 主幹事証券会社の役割 ■

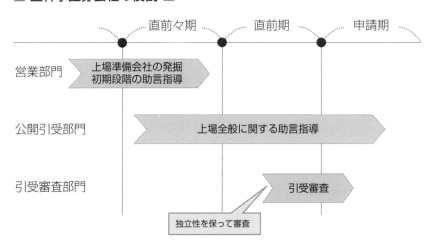

■ 証券取引所への推薦者として ■

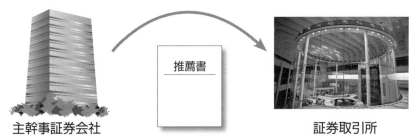

　マザーズの場合，推薦書別紙として，高い成長可能性のある企業であるか否か，その理由を記載した書面を提出します。

主幹事証券会社の役割

　IPOに関する業務を行う証券会社を「幹事証券会社」といい，幹事証券会社は募集または売出し株式を引き受けて，株式市場に新規上場株式を提供する役割を担います。通常は複数社を選定してシンジケート団を組成し，この中で最も多い割合で株式を引き受け中心的な役割を担うのが「主幹事証券会社」です。主幹事証券会社は，証券取引所に推薦書を提出します。マザーズの場合には，申請会社の成長に係る評価の対象とした事業について記載した書面を推薦書の別紙として添付し，提出します。

　ただし，利益の額や売上の増加率が一定以上あれば別紙は不要です。

主幹事証券会社の各部門の役割

　営業部門が上場準備会社を発掘し，初期段階での助言指導を行います。

　その後，公開引受部門が上場準備全般に関する指導助言として，例えば，上場スケジュール・事業計画の策定，資本政策の策定，社内管理体制の整備などに関するアドバイスを行います。上場申請書類のドラフトが作成される頃になると引受審査前の事前チェックも行います。

　公開引受部門の助言指導が終わる頃，引受審査部門が引受審査を実施します。営業部門，公開引受部門，引受審査部門の順で，会社寄りの立場から客観的な第三者的立場へと変化していきます。

　また上場後も公募増資・社債などの資金調達に関する助言や引受，IR活動に関する助言を行うことがあります。

　なお，証券会社によって，営業部門，公開引受部門，引受審査部門の組織名称や役割は異なります。

2-6 監査法人の役割

■ 監査法人とは？ ■

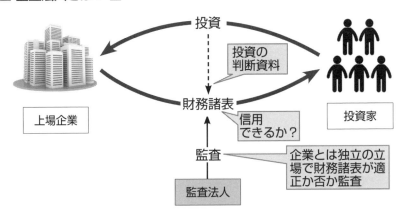

■ 監査報告書はいつ提出されるか ■

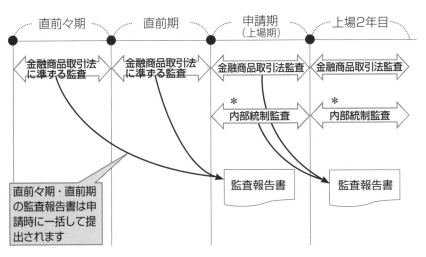

(*)上場後3年間内部統制監査の免除を適用しなかった場合

▌監査法人の役割

IPOにおいて監査法人の役割は財務諸表監査および上場準備に関する助言指導になります。

IPOに際しては，金融商品取引法に準ずる監査が，原則として直前々期・直前期の2期間必要となります。通常，未上場会社の会計処理は税務会計に重点がおかれていますが，上場するためには財務諸表は企業会計の基準での作成が必要です。監査法人は売上，仕入，費用の計上基準，棚卸資産の評価方法などの会計処理を修正するための助言指導をします。また，キャッシュ・フロー計算書，連結財務諸表の作成（子会社を有する場合）が求められるため，監査法人はそれらの助言指導をします。

さらに，上場後の適切なディスクロージャーに関する助言のみならず，上場申請書類の作成に関する助言とチェックを実施します。上場申請書類に記載される数値や文言は複数の項目と関連し，その整合性のチェックには細心の注意が必要です。

ただし，監査の独立性の観点から財務諸表の作成業務や規程やマニュアルの作成，内部管理体制の構築を監査法人が直接行うことはできません。

■ 内部統制報告制度

内部統制報告制度に関する報告書は上場申請書類に含まれませんが，上場審査においては内部統制報告制度への対応の準備状況が確認されます。監査法人は，内部統制報告制度を含めた内部管理体制の整備に関して助言指導を実施します。なお，一定規模以上の会社を除き，上場時の負担を考慮し，上場後3年間は公認会計士等による内部統制報告書に係る監査の免除が選択可能となります。しかし，新規上場企業による内部統制報告書自体の提出は免除されるわけではないので，注意が必要です。

2-7 印刷会社・株式事務代行機関の役割

■ 印刷会社の役割 ■

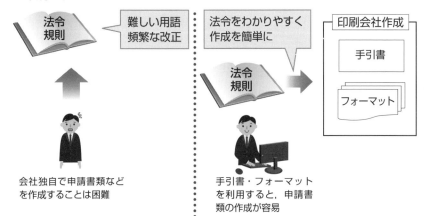

■ 株式事務代行機関の役割 ■

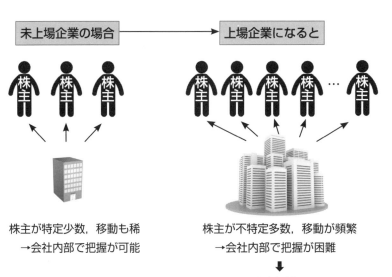

印刷会社の役割

　印刷会社は上場時の申請書類，上場後の有価証券報告書などの開示書類および株主総会関連書類の印刷を行います。

　上場時の申請書類，有価証券報告書などの開示書類は内容が複雑であり，記載項目は膨大です。さらに，これらの書類は各種の法令で形式・内容が厳密に規定されているのみならず，頻繁に改正が行われます。

　上場会社は投資家および株主に対して会社の業績などに関する情報を適時，適切に開示する義務がありますが，自社の開示担当者のみでは対応が難しいことが多いところです。そこで，開示書類作成に豊富な実績があり，上場サポート体制が整っている上場会社の開示書類に専門性を有する印刷会社との契約が必要になります。

株式事務代行機関の役割

　株式事務代行機関は，株主名簿管理人として株主名簿の作成，配当処理などの株式に関する事務を円滑に実施する機関です。なお，株式事務代行機関は証券取引所が承認している会社しかなることはできません。

　未上場会社のときには，株主が特定少数であり株主の移動も稀であるため会社内での株式事務手続きの対応が可能です。しかし上場会社となると，不特定多数の株主が存在し，絶えず株主の移動があるため会社内では対応できなくなります。そこで，上場審査の要件として，株式事務代行機関を選定して株式事務を委託していることを義務づけています。

　株式事務代行機関はIPOに際しては，所在不明な株主がいる場合などは調査を行い株主名簿の整備を行います。

　また，株主総会のサポートとして，株主総会での想定問答，株主総会当日の運営方法についてもアドバイスします。

2-8 ベンチャーキャピタル(VC)の役割

■ VCとは何か ■

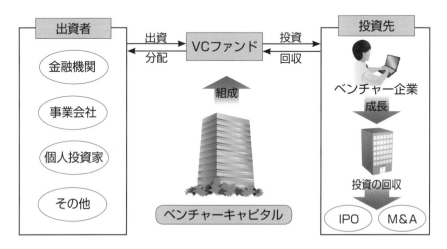

■ VCの類型 ■

投資先への関与度合	投資ステージ	種類
ハンズオン型	シード	金融機関系
	アーリー	事業会社系
ハンズオフ型		独立系
	ミドル	政府系
	レイター	⋮

ベンチャーキャピタル（VC）とは，成長性が見込まれるベンチャー企業に対して資金提供を行う会社です。VCはファンドを組成し，ファンドを通して投資先に投資します。VCは，投資してから一定期間内にベンチャー企業がIPOをすることにより，自らが保有する株式を市場で売却することで資金を回収する，または価値の向上したベンチャー企業株式をほかの企業に売却することで資金を回収します。VCの投資後一定期間内にはIPOまたはM&Aを求められるため，ベンチャー企業は一定期間内で企業価値を高める必要があります。

┃VCの役割

　VCの種類は金融機関系，事業会社系，独立系などさまざまです。投資の時期もアーリーステージからIPO直前のレイターステージまで幅広くなっています。アーリーステージより前のシードステージから支援するシードアクセラレーターと呼ばれるVCもあります。このVCは，数百万円単位の少額投資だけでなく，起業家に近い立場としてオフィスの提供，メンターによる自己の事業経験やネットワークの提供などをしています。

　また，資金提供のみのハンズオフ型VCと経営内部に入り込むハンズオン型VCに分類できます。ハンズオン型VCでは，資本政策の立案や経営管理体制の整備に関する支援，さらに経営全般に必要な知識をもった人材の紹介や取締役の派遣も行います。ヒト・モノ・カネの提供のみならず，VCの幅広いネットワークにより，新たな販売先・仕入先をマッチングするといった対外関係の支援も行っています。

　ベンチャー企業にとって，資金繰りが厳しい状況の中でのVCからの資金提供は非常に有効ですが，VCは上場後の安定株主にはなりません。したがって，上場前のVCの持株比率は，他社の目論見書を参考にして資本政策の中で慎重に検討することが望まれます。

2-9 その他の関係者の役割

■ 関係者一覧 ■

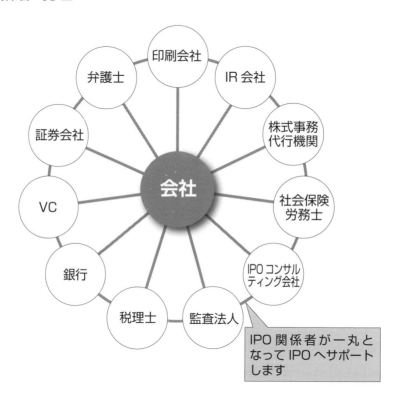

弁護士・税理士・社会保険労務士などの専門家

コンプライアンス体制の構築や重要な契約書などは上場審査の対象となりますので，法律の専門家である弁護士の助言指導が必要です。

また残業時間の管理，社会保険の加入などの労務管理については社会保険労務士の助言指導が有意義なものとなります。

未上場企業では税務会計を採用し，記帳や決算業務を顧問税理士に委託している場合が多く見受けられます。しかし，上場企業になると税務会計から企業会計への移行が必要となり，記帳や決算業務についても従来に比べ管理体制を強化することが求められます。

IPO コンサルティング会社

経営管理体制の整備，情報管理システムの構築，各種資料の作成支援業務など，IPO に関するあらゆるサポートを実施する会社です。主幹事証券会社や監査法人の助言は，各々の立場から限定された範囲内での助言指導となります。これに対して IPO コンサルティング会社は，個々のニーズに応じたサポートを行います。

銀行

株式上場前より借入がある場合には，銀行はほかの関係者よりも会社のことを長年知っているため，会社は適切な助言指導を受けることが期待できます。さらに，客観的な情報提供，管理部門の人材紹介をしてもらうことも可能となります。

2-10 アウトソーシング

■ アウトソーシング利用の際の留意事項 ■

a. 主体は申請会社

- どのような業務をアウトソーシングするにせよ，事業遂行のための意思決定，戦略立案など，会社としての方向性を決定する最終的な判断は申請会社が行っているか
- アウトソーシングした業務内容，アウトソーサーから入手した資料に対する理解は申請会社自身ができているか
- アウトソーサーが行う業務の評価などの管理を定期的に会社が主体となって行っているか

b. 適切なディスクロージャーへの対応

- 法令に基づくディスクロージャーや決算短信などのタイムリーディスクロージャーに密接に関連する業務の一部をアウトソーシングする場合には，適時・適切な開示に支障がないような体制が確保されているか

c. インサイダー取引規制への対応

- 業績に関する情報など，重要事実に該当する情報をアウトソーサーが外部公表前に知りうることができる場合には，機密保持契約を締結するなど，情報の漏洩を防止するための適切な手段を講じているか

d. アウトソーサーの適切な選択

- アウトソーサーへの業務遂行が安定的かつ継続的に実施されるべく，信用力や実績のあるアウトソーサーを選定しているか
- 万が一アウトソーサーへの業務委託が継続できなくなるような状況が発生した場合に備えて代替先の確保が容易に行うことができるか，もしくは会社内部での対応に速やかに切り替えることが可能であるかなどの体制整備ができているか

出所：東京証券取引所『新規上場ガイドブック 2019（市場第一部・第二部編）』

▌アウトソーシング利用のポイント

　比較的小規模な人員で，IPOを果たす会社も増えています。上場準備を進める中で，IPOの専門家や経験者に，管理部門の機能をアウトソーシングして上場を果たしたという話を耳にすることもあります。では，小規模会社で上場するにあたって，どこまでのアウトソーシングが認められるのでしょうか。

　会社の管理機能の一部をアウトソーシングするか否かを考えるうえで大事なことは，会社が上場した後にその機能をアウトソーシングに頼り続けても問題がないかどうかという観点で考えることです。例えば，経理の決算業務を考えた場合に，経理部長がいて，一部の不足している機能をアウトソーシングすることは可能です。つまり，外部に委託した決算業務などの作業を評価，確認できる機能が社内にあることが重要です。

　むろん上場した後は，なるべく外部のリソースを頼りにしなくても，経理業務が社内で完結するように人員を強化するべきですが，管理部門の責任者までアウトソーシングしてしまうと，外部に委託してできた成果物を社内で主体的に評価することができる人材がいませんので，上場審査などの場面でも会社として必要な対応ができないリスクがあります。

▌事前の確認

　上場準備会社によっては，上場後の会社のあるべき管理体制がよくわからずに，また少数精鋭の人員で上場を果たすためには，なるべく管理部門を少人数のままで上場したいと考える事例も見受けられます。アウトソーシングをうまく活用した方がよい機能と，上場前であっても社内で人材を採用または育成して対応すべき機能との見極めは難しいので，主幹事証券会社や監査法人と相談をしながら，どこまでアウトソーシングを利用するかを十分に議論することをお勧めします。

　東京証券取引所では，アウトソーシングを利用する場合の留意点を左記のように説明しています。

一口メモ

　この章では，上場準備の際に会社がサポートを受ける外部関係者について説明しました。IPOという経験は多くの会社にとって初めての経験ですから，IPOに必要な顔触れは理解できたとしても，具体的に誰を選べばいいのか，判断に迷われることでしょう。

　例えば，あなたが家を建てるとき，これまでにも実績があり，この人なら信頼できるという会社または個人に任せたいと思うのではないでしょうか？　IPOでも同じことがいえると思います。IPOを通して本当に会社をよくしていきたいのであれば，実績があり，信頼できるパートナーを選ぶことがとても重要です。

　とはいえ，本当に信頼できるパートナーを見極めるのは，簡単なことではありません。もしもあなたの周りにIPOを経験した経営者がいれば，その方にアドバイスを求める手もあります。周りにそのような経営者がいない場合には，お付き合いのある金融機関などからIPOの専門家を紹介してもらうことも考えられます。

　そのうえで，同じ分野（証券会社，監査法人など）で複数の担当者と会ってみて，信頼に値する専門家か，会社と一緒になってIPOに真剣に取り組んでくれるかを見極める必要があります。法人の知名度も大事ですが，担当者がIPOの経験が少ないと，あとで思いがけない落とし穴にはまることもあります。

　IPOを達成するための大事なパートナー選びですので，単に金額やネームバリューだけで決めるのではなく，担当する専門家の経験，熱意，人柄などを十分に吟味したうえで，決定してください。

第3章

事業計画は
将来への道しるべ

～事業計画～

3-1 事業計画の意義(1)

■ **事業計画の利用者別の主な利用方法** ■

　事業計画とは事業目的を達成するための具体的な行動計画であり，通常は3～5年の目標と戦略・戦術を明らかにした計画をいいます。この事業計画は下図のように利用者により利用方法が異なります。

経営者による事業計画の策定

経営者が現在の事業を始めたときには，「この便利なサービスで人々の暮らしを快適にしたい！」「この商品で困っている人に喜んでもらいたい！」などの動機があったはずです。

事業計画を効果的に活用するためには，この"経営者の想い"をあらためて整理し，計画に反映することが大切です。そのため，事業計画策定にあたっては管理部などにすべて任せるのではなく，経営者自身が直接関与することが重要になります。

組織的な経営のツールとしての事業計画

会社の規模が拡大すると，経営者がすべての業務を掌握，管理することが難しくなります。経営ビジョンや経営戦略が従業員の末端まで共有されていない場合，統一した事業活動の障害となります。

事業計画は，組織的な事業活動を継続するために，社内で目標を共有し，その達成度合いを管理する有用なツールとなります。

資金調達のツールとしての事業計画

事業計画は銀行やベンチャーキャピタルなどの外部の第三者から支援を受けるときに，自社の状況や今後のビジネス展開を説明するために必要となります。

通常，外部の第三者から融資や出資などの支援を受ける場合，事業計画は，事業の収益性や成長性，計画の実行可能性などの観点からチェックを受けます。そのため，競合他社の状況，今後の市場の見込み，自社の保有する経営資源などから十分な合理性をもった計画を策定する必要があります。

3-2 事業計画の意義（2）

■ **東証マザーズの上場基準** ■

有価証券上場規程第214条の体系

(1) 企業内容，リスク情報等の開示の適切性	企業内容，リスク情報等の開示を適切に行うことができる状況にあること
(2) 企業経営の健全性	事業を公正かつ忠実に遂行していること
(3) 企業のコーポレート・ガバナンス及び内部管理体制の有効性	コーポレート・ガバナンス及び内部管理体制が，企業の規模や成熟度等に応じて整備され，適切に機能していること
(4) 事業計画の合理性	相応に合理的な事業計画を策定しており，当該事業計画を遂行するために必要な事業基盤を整備していること又は整備する合理的な見込みのあること
(5) その他公益又は投資者保護の観点から東証が必要と認める事項	―

※上記のとおり，マザーズの上場基準においても，事業計画の合理性が求められます。

引受審査・上場審査書類としての事業計画

　上場審査上，事業計画の提出が求められており，IPOを目指すうえでも事業計画の作成は不可欠です。

　上場企業となり一般投資家から資金を集めるためには，安定した経営基盤のうえに一定以上の利益を継続的に上げることが求められます。そのため，客観的なデータに基づく合理的な事業計画の策定が必要です。

　また，上場後も業績予想として売上高，経常利益などの数値を開示するため，予想と実績が大きく乖離した場合には，適時に業績予想を修正し，投資家に開示することが求められます。具体的には，売上高が業績予想と10％以上乖離した場合，あるいは利益（営業利益，経常利益，当期純利益のいずれか）が業績予想と30％以上乖離した場合には速やかに業績予想を修正することが求められます。

引受審査・上場審査書類としての事業計画

　上場後に業績予想を下方修正し，企業価値を大きく毀損するようなケースがある一方で，継続的な業績予想の達成を通じて投資家の信頼を得た結果，企業価値を向上するケースもあります。このような状況を考慮すると，上場準備作業を通じてより精度の高い予算制度の構築が不可欠と考えられます。

市場との対話ツールとしての事業計画

　上場会社は，投資家に向けて財務情報や業界動向に関する情報などの幅広い情報を自発的に提供する活動（Investors Relations：IR）を継続して行うことになります。これは，投資家に自社の価値を十分に理解してもらい，会社が目指す将来像とそれを実現するための戦略を理解しやすい形で示すものです。

　事業計画は，目標とする財務指標，採用した戦略に対する投資額を示すなど，投資家へ具体的に説明する対話ツールとしての役割を担います。

3-3 合理的な事業計画の策定

■ 事業計画の合理性 ■

事業計画には以下の項目が含まれ，それぞれの整合性が重要となります。

経営理念	企業の使命や普遍的な価値観
経営ビジョン	企業が中期的に目指す姿・方向性
ビジネスモデル	事業の特徴（商品・サービスの流れ・収入構造）
	競合他社との差別化要因
事業環境	将来の市場規模等の見込み
	競合他社の動向，新規参入・代替品等の見込み
経営戦略	経営ビジョンを実現するための具体的な施策
経営組織	経営戦略の実行に必要な組織体制
売上計画	データに裏づけされた（セグメント別）売上目標
利益計画	売上計画をもとに経費計画を考慮して策定
設備投資計画	売上計画をもとにした設備投資時期および金額の計画
人員計画	売上計画をもとにした採用および育成の計画
資金計画	上記の各計画と整合した資金調達・返済の計画

▌事業計画の意義

　投資家に対して会社の将来性をアピールするためには明瞭かつ合理的な事業計画が必要です。事業の収益性や成長性を客観的な根拠により十分に説明できれば，投資家に対して会社の魅力をアピールすることができます。また，連結子会社がある場合には，企業グループの価値を判断するため，連結ベースの事業計画を作成する必要があります。

▌事業計画の合理性と明瞭性

　事業計画は，会社を取り巻く経済環境や事業活動を営む市場の状況，会社が所有する経営資源（ヒト，モノ，カネ，情報）を考慮し，矛盾なく作成されることが重要です。

　すなわち，客観的なデータや根拠を収集して，可能なかぎり計数的に事業計画に紐づけることが重要です。また，実績あるビジネスの場合には，売上高などの財務数値を売上と相関関係の高い財務項目以外のデータ（顧客数，顧客単価，リピート率など）を利用し，その分析結果から導かれる将来予測を事業計画に反映することも考えられます。

　また，複数事業を展開する場合，投資家にとってわかりやすく事業を区分することが重要です。稼ぎ頭の事業や成長事業を区分することにより，会社の収益性や成長性が数値を伴って具体的にイメージできるようになります。

▌予算修正

　事業計画に基づいて策定される単年度予算について，上場後，業績予想と実績が大きく乖離した場合には，適時に業績予想を修正し，投資家に開示することが求められます。予算の精度が上がれば，計画と実績の差異は縮小し，投資家の予算に対する信頼度が高まります。

3-4 事業計画の策定プロセス

■ 経営理念の策定から事業計画の策定までの流れ ■

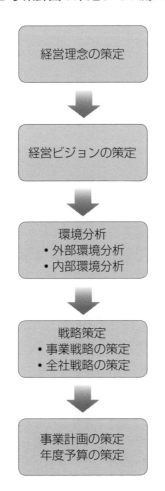

ステップ1：経営理念の策定

　企業の使命や普遍的な価値観を表す経営理念を策定します。この経営理念は作り出すものではなく，「経営者の言動」を取りまとめたものといえます。

ステップ2：経営ビジョンの策定

　経営ビジョンとは，経営理念に時間軸を設定し，企業が中期的に目指す姿・方向性を示すものです。このビジョンを社内で共有することで，従業員と組織のベクトルを一致させ，全社一丸となって目標達成に邁進することが可能となります。

ステップ3：環境分析

　環境分析は，企業を取り巻く外部環境と企業の活用できる経営資源などの内部環境の2つを対象とします。外部環境分析には，PEST分析（**一口メモ**参照）や業界を分析するファイブフォース分析（**3－6**参照）といった手法があります。また，内部環境分析ではバリューチェーン分析（**3－6**参照）などがあり，他に外部環境と内部環境とをあわせて分析する3C分析（**3－7**参照）があります。これらを通じて競合他社と比較して自社の「強み」「弱み」を明らかにします。なお，いずれも有用なツールですが，環境変化が激しい昨今，適宜更新することが必要です。

ステップ4：戦略策定

　上記の環境分析の結果をSWOT分析，クロスSWOT分析（**3－8**参照）を使って整理します。これらを踏まえ事業戦略・全社戦略を策定します。戦略は経営ビジョンを実現するための具体的な施策であるとともに現場の方向性を示すものといえます。

ステップ5：事業計画の策定・年度予算の策定

　経営ビジョンを達成するための中長期的な実行計画である事業計画を策定します。その初年度を年度予算とし月次に展開することにより進捗状況をモニタリングします。

3-5 経営理念・経営ビジョンの策定

■ 経営理念・経営ビジョン・全社戦略の関係 ■

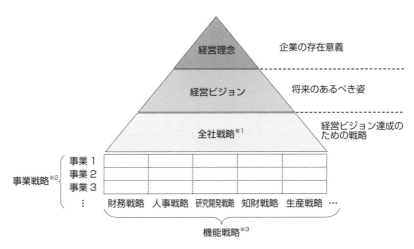

※1 全社戦略：複数事業（地域）を展開している場合，事業の取捨選択，事業ポートフォリオ（組合せ），事業間での経営資源の配分など，企業全体に関わる戦略
※2 事業戦略：特定の事業において，いかに持続的な競争優位性を発揮するかについての具体的な施策
※3 機能戦略：事業遂行上，必要な個別の機能において実施する具体的な施策

経営理念・経営ビジョンの有用性

『ビジョナリー・カンパニー』の著者のジェームズ・コリンズ氏は，同一業種で経営理念・経営ビジョンが明確な会社と不明確な会社の業績の比較調査を実施しました。それぞれの会社に対し，1926年に1ドル投資し1990年まで保有した場合，前者は6,356ドル，後者は955ドルとなり6倍以上の差がつきました。経営理念・経営ビジョンが明確な会社の方がはるかによい業績を達成していることが明らかになっています。

経営理念とは

経営理念とは企業の使命であり，その企業が経営していくうえでの判断の拠り所となる普遍的な価値観を表すものです。経営理念がないと判断の拠り所があいまいになり，会社としての統一した判断がなされないリスクがあります。経営理念を企業の使命というと，高尚なものでなければならないと考えがちですが，「自分がなぜそのビジネスを手掛けるのか」の答えが経営理念であり，それは作るというよりも普段の経営者の言動に表れるものと考えられます。

経営理念は業績が好調なときはあまり意識されません。他方，業績が低迷すると，本業と関連のない儲かりそうな分野に安易に手を出したり，無理なコストカットをしたりなど，企業の価値観に反した行動をとることがあります。このようなときこそ経営理念に立ち返ることにより求心力を取り戻すことが可能となります。

経営ビジョンとは

経営ビジョンは，中長期的な目標であるため，あるべき姿を定性的に表現するだけでなく，市場ポジションや財務数値，経営指標などにより定量的に表現することが望ましいといえます。また，経営ビジョンは全社戦略を策定する際の目標として機能します。

3-6 環境分析（1）
ファイブフォース分析，バリューチェーン分析

■ ファイブフォース分析 ■

外部環境分析の手法の1つで，以下の①～⑤の5つの競争要因を分析することで業界の収益性（業界の魅力度）を決定する業界構造を理解するツールです。

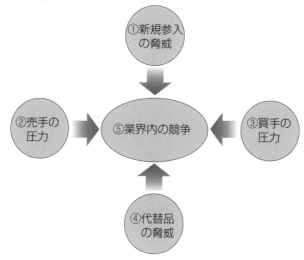

■ バリューチェーン分析 ■

会社の以下のフローの中で，どのような機能があり，その機能が競合他社と比較して強いか弱いかを考える内部環境分析のツールです。

ファイブフォース分析とは

5つの競争要因について具体的に見てみましょう。例えば、参入障壁が低く新規参入が容易な状況であれば、競争は激化し業界の魅力度は低下します（左図①，⑤）。また売手が少数であれば、交渉力は強まり好条件を引き出すことが困難となります。結果、高い仕入価格や不利な取引条件の提示などを通じて業界の収益性は低下します（左図②）。

他方、買手が限定されていれば、その影響力が強く販売価格の値下げ圧力やサービス向上の要請などにより業界の収益性は低下します（左図③）。さらに、同じ機能をもつ代替品の出現で、業界の収益性は低下します（左図④）。例えば、スマートフォンの普及によるデジタルカメラやゲーム機器の売上低迷がその一例と言えます。

バリューチェーン分析とは

この分析では、まず業界内の大半の企業が行うバリューチェーン（活動の範囲と順序）を洗い出すことから始めます。次に自社と業界のバリューチェーンを比較し、①競合他社と同じ活動をより優れた方法で実施できるか、②競合他社がやらない活動を行うことによって顧客に優れた製商品やサービスを提供できるか、を検討し戦略立案に活かします。

①の例としては、サービスをマニュアル化して質を均一化することや、在庫管理の徹底による機会ロスや廃棄ロスを削減することがあげられます。②の例としては、飲食業や小売業において、生産者から直接仕入れるルートを構築することや、生産そのものに直接携わることにより、質の高い商品をタイムリーかつ安価に提供することがあげられます。

いずれも競争優位を実現するためのフレームワークですが、近年の厳しい競争環境下において、その優位性を維持することはきわめて困難です。いったん競争優位を構築した場合でも、継続的に競争力を磨き続けることが不可欠になります。

3-7 環境分析(2) 3C分析

■ 3C分析 ■

3C分析とは，①顧客(Customer)，②競合(Competitor)，③自社(Company)の3つの視点から事業環境を分析する方法です。顧客分析，競合分析が外部環境分析にあたり，自社分析が内部環境分析にあたります。

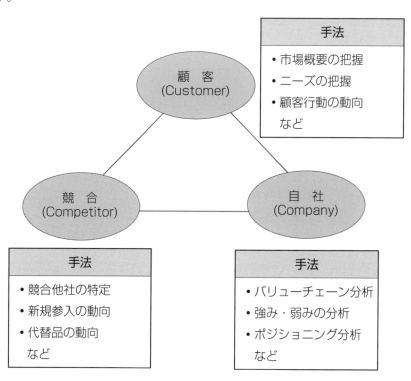

▎顧客分析

　顧客のニーズに合わせて市場を絞り込み，ターゲットとなる顧客を特定することが必要です。このとき，ターゲットとなる顧客を満足させることを前提に，利益を確保しうる価値のある製商品・サービスを提供できるかが鍵となります。すなわち，利益を含めた価額を支払ってくれる顧客がいてはじめて企業は存続し成長発展できます。

　また，経営資源には限りがあることから，顧客のすべてをカバーすることは不可能です。どの顧客を選択するか，言いかえればどの顧客を捨てるかを決定することが事業計画策定の鍵となります。

▎競合分析

　競合分析は，戦略策定の要であるにもかかわらず，多くの経営者に失念されることが多いようです。競争で勝ち残るためには，自社の基準でよりよくなることではなく，常に競合他社と比較してよりよくなることが求められます。競合他社と比較して価格は変わらないが品質がよい，あるいは品質は変わらないが価格が安いなど，「顧客」，「競合」を基準に判断することが必要です。

▎自社分析

　自社の強みと弱みを明確にし，強みを活かし他社が模倣しにくいビジネスの仕組みを構築することが重要となります。このとき，強み・弱みは相対的なもので，あくまでも競合他社と比較して強みとなるかを見極めることが大切です。

3-8 環境分析(3) SWOT 分析

■ SWOT 分析 ■

SWOT 分析とは強み（Strength），弱み（Weakness），機会（Opportunity），脅威（Threat）の頭文字をとったものです。この分析は内部環境分析（企業内部の強み・弱み）と外部環境分析（外部環境における機会・脅威）に分けることができます。

バリューチェーン分析，3C 分析の内の自社分析

	プラス要因	マイナス要因
内部環境	強み Strength	弱み Weakness
外部環境	機会 Opportunity	脅威 Threat

PEST 分析，ファイブフォース分析，3C 分析の内の顧客分析，競合分析

クロス SWOT 分析

		内部環境	
		強み（Strength）	弱み（Weakness）
外部環境	機会 （Opportunity）	強みを活かして機会を取り込めるか	弱みで機会を失うことはないか
	脅威 （Threat）	強みで脅威を回避できるか	弱みで脅威が現実となることを回避できるか

▌SWOT分析とは

SWOT分析はまず環境分析の結果を，強み・弱み・機会・脅威の4つの視点で整理します。整理する際には，それぞれ客観的な視点で検証することが必要です。

自社の強みは，主観的な強みではなく，あくまでも競合他社と比較した場合の強みを記載することになります。技術力がある，品質がよい，財務体質が健全，人脈があるなどを強みに記載する例が散見されますが，競合他社と比較して優位性があるかどうかの検討が必要です。

同様に弱みがないといった例も散見されますが，業界最大手の企業でさえグローバルでみれば弱みが多数見つかります。競合他社を比較し客観的な視点で整理することが求められます。

自社の強み・弱みを整理する際には**3－6**のバリューチェーン分析を利用し，研究開発，購買，製造，物流，販売，アフターサービスなどのフローごとに競合他社と自社の特徴を書き出し分析することが有効です。このほかにも経営資源であるヒト，モノ，カネ，情報（ノウハウ，ブランドなど）の視点で競合他社と比較分析することも可能です。

なお，機会と脅威については，第3章の**一口メモ**をご参照ください。

▌クロス SWOT 分析

強み，弱み，機会，脅威の整理を終えたら，次はクロスSWOT分析に入ります。クロスSWOT分析はSWOT分析の結果を組み合わせて，環境変化に対応するための戦略課題を具体化するツールです。競合他社に対してどのように差別化するか，どのように新たな顧客価値を創造するかなど，具体的な戦略策定の際に活用することになります。この分析で最も重要なのは「強み×機会」であり，「強みを活かしていかに機会を取り込めるか」といった視点を戦略立案に活かすことが企業成長の鍵となります。

3-9 事業戦略の策定手法（1）ポジショニング分析

■ ポジショニングマップ（例：アパレル業界）■

現状の把握と企業サイドの意図

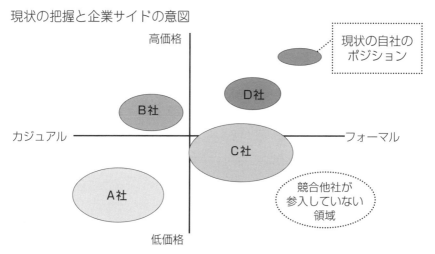

■ パーセプションマップ（例：アパレル業界）■

現状の把握と顧客サイドの認知

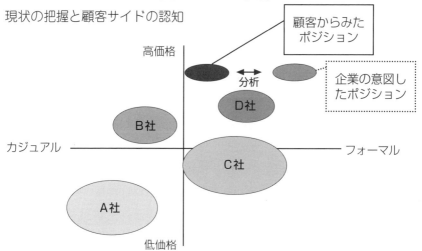

ポジショニング分析とは

　前節までで経営環境の分析を終えているため，市場内，業界内における自社の製商品・サービスのポジションを把握することができます。

　現状の自社のポジションのままで市場シェアを十分確保できるか，顧客が支持してくれるだけの差別化要因があるかについての情報収集および分析することをポジショニング分析といいます。この結果を踏まえて「製商品・サービスの特性」，「価格」，「販路」や「広告宣伝」などの自社の強みを発揮し，競争力を強化する戦略をとることをポジショニング戦略といいます。

　新規参入する場合，競合他社のポジションを明確にし，自社が市場シェアを獲得し，差別化を図れるポジションを見つけて，集中的に事業展開することが大切になります。比較的競合他社が参入していない領域（例えば左上図のフォーマル・低価格の領域）があれば，その部分での事業展開の余地を検討し，可能であれば競合他社に先駆けて事業展開することも考えられます。なお，競争環境が激化している状況の場合，競合他社が参入していないポジションはそもそもニーズがない，技術的に困難であるなど，何らかの弊害がある可能性が高いため，留意が必要です。

パーセプションマップ

　左上図の「フォーマル」「高価格」のポジションでの事業展開をしていると企業が考えていたとします。ところが，実際に顧客がどのようなイメージをもっているかはわかりません。すなわち，企業サイドの意図と顧客サイドの認知は必ずしも一致するとは限らないわけです。この顧客サイドの認知を明示したものが左下図のパーセプションマップです。実際に企業の意図と顧客の認知がずれるケースは頻繁に起こります。このため，常に顧客からの認知をリサーチして，両者にズレがあればその原因を分析し，修正することが重要となります。

3-10 事業戦略の策定手法（2）
ポーターの競争戦略

■ ポーターの競争戦略 ■

戦略を考える基本方程式

$$
顧客にとっての魅力度 = \frac{製商品・サービスの「価値」}{製商品・サービスの「価格」}
$$

魅力を高めるためには，「価格」を下げる
　　⇒コスト・リーダーシップ戦略
魅力を高めるためには，「価値」を高める
　　⇒差別化戦略

		競争優位の源泉	
		低コスト	特異性
戦略ターゲット	業界全体	コスト・リーダーシップ戦略	差別化戦略
	絞り込む顧客層を	集中戦略	

■ コスト・リーダーシップ戦略

　コスト・リーダーシップ戦略とは，同じような製商品を競合他社よりも低価格で顧客に提供するというものです。広い顧客層をターゲットにし，競合他社のどこよりも低いコストを実現して優位性を発揮する戦略です。

　低いコストは，製商品・サービスの絞り込み，顧客ニーズに合わない機能の縮小，原材料の戦略的な調達などを実施することにより実現可能となります。競争力を維持するためには規模の利益を追求することが鍵となることが多く，そのためには長期継続的な投資をするための資金力が競争力の源泉になります。

■ 差別化戦略

　差別化戦略とは，他社にはない価値を顧客に提供することによりプレミアム価格を得るというものです。すなわち，競合他社にはない価値を顧客に提供することで優位性を発揮しようとする戦略です。

　ここで注意すべきことは，競合他社を意識しすぎるあまり「顧客不在」となることです。単なる競合他社との差別化ではなく顧客にとって重要な点で差があることこそが大切です。差別化は技術革新などにより製品自体の価値を高めたり，短納期での製造をすることなど機能的な価値を高めることで可能となります。他方，広告宣伝などによりブランド価値を高めたり，すでに高いブランドをもっている企業と提携したりすることで情趣的な価値を高め，差別化を図ることも可能です。

■ 集中戦略

　集中戦略とは，貴重な経営資源の分散を防ぐために特定のセグメントに経営資源を投下し競争優位を発揮するものです。この集中戦略は特定分野でのコスト優位性あるいは差別化を確立できるかが鍵となります。

　いずれにしても大切なのは自社の強みに集中することです。自社の強み・弱みを十分認識し，それに合った顧客を選定すると同時に競合他社の強み・弱みを分析し，自社の土俵で戦うことが重要となります。

3-11 事業計画の策定(1) 総論

■ 事業計画策定のフロー ■

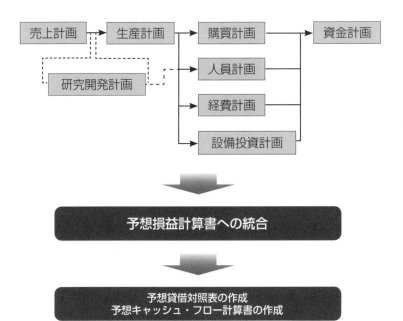

事業計画の策定フロー

　事業計画は，まず売上計画の策定から始まります。この際，全社一体ではなく製商品別・サービス別，顧客別，地域別といった事業セグメント別に売上計画を作成し，これを合算して全社の売上計画とすることが必要です。売上計画は他の計画に大きく影響を与えるため，実現性の高い合理的な計画とすることが重要です。

　売上高が決まると生産量が確定するため，生産計画の策定が可能となります。同様に生産量が確定すれば生産するために必要な人員を算定できます。他方で，売上高が確定するとそれを達成するために必要な販売員や広告宣伝などの経費が決まります。このように売上高に連動した生産計画，人員計画，経費計画などを策定することが可能となります。

　また，中長期的な目標としての売上高が決まれば，その生産を可能とする設備投資計画を策定でき，新製品の投入などを予定していれば研究開発計画も策定できます。以上の計画を前提に販売費及び一般管理費計画を策定し，最終的には予想損益計算書へと統合します。この予想損益計算書の策定が完了すると，生産計画・設備投資計画等に売上債権の回収サイトや仕入債務の支払サイト，標準在庫などを加味して予想貸借対照表や予想キャッシュ・フロー計算書の作成が可能となります。

　予想損益計算書を作成している企業は多いですが，予想貸借対照表や予想キャッシュ・フロー計算書を作成している会社はさほど多くないのが実態でしょう。しかし，上場後はフリーキャッシュ・フロー，総資本利益率や自己資本利益率などの各種経営指標の目標値を達成できるかを検証することが求められるため，予想貸借対照表・予想キャッシュ・フロー計算書の作成が必要です。

　この事業計画の策定プロセスは一度で確定させるものではなく，何度もシミュレーションすることにより精度を高める必要があります。また，各計画は連動しており，その整合性がきわめて重要です。

3-12 事業計画の策定(2) 売上計画

■ 売上計画の策定 ■

【売上高の分解】

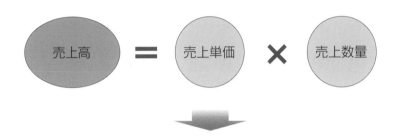

【業務別売上高の分解（例）】

＜小売業・外食業＞

客単価×客数⇒f（平均商品単価×購入点数）×f（通行人数×来店率）

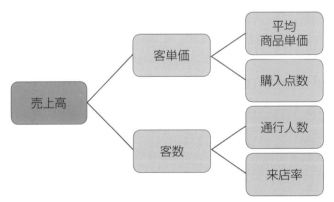

売上計画の策定

　売上高は売上単価に売上数量を乗じて計算します。これを全製商品で行い合算したものが企業の売上高になります。いったん策定した売上計画は達成可能で現実的な目標となっているかを確認することが必要です。売上計画の精度が過度に低い場合，融資先や投資先からの依頼を損なうおそれもあります。また上場後は，業績予想の修正を頻繁に行うと資本市場からの評価も低くなり，株価は相対的に低い水準に留まります。

　売上計画策定プロセスは一度で確定させるものではなく，繰り返しシミュレーションすることで目標達成の確度を高める必要があります。

売上計画の策定例

　例えば左図にあるような小売業や外食業の場合，顧客が不特定多数になるため商品別・顧客別に売上計画を設定することが難しくなります。このような場合は，1日の通行量に来店率を乗じて客数を算定し，客単価は平均商品単価に購入点数を乗じて算定することも可能です。この客単価，客数に曜日ごとの変動を考慮し売上高を算定します。

　以上のように算定した売上計画が当初想定していた目標に届かないことがあります。その場合，客数を増加させるか，客単価を上げるかの施策を立案することになります。客数を増加させるためには広告の配布範囲を拡大するなどにより新規顧客の開拓を行うか，メニューを定期的に変更するなどにより既存顧客を維持する施策が必要です。また客単価を上げるためには，食事を注文する顧客に飲み物を勧めるなど，購入点数を増やすか，高価格帯の商品の投入などにより商品単価そのものを上げることなどが考えられます。このほか，閑散時間帯に割引を実施したり，季節限定メニューの投入頻度を増やしたりすることにより一定期間内の来店頻度を上げるという客単価を上げる施策も有効でしょう。

3-13 事業計画の策定(3) 予算管理と月次決算

■ 事業計画と予算の関係 ■

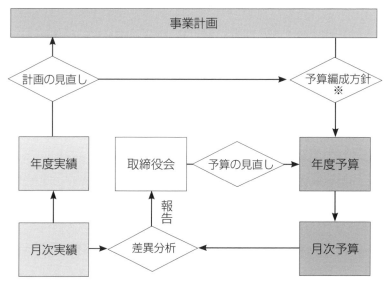

※ 予算編成方針では、直近の実績および外部環境・内部環境の状況から翌期の目標数値を策定し、その達成のための戦略・戦術を明示します。

予算管理

予算管理は予算編成と予算統制からなります。予算編成は年度計画策定のプロセスであり、予算編成方針の作成から年度予算の確定までをいいます。また、予算統制は予算実行を管理するプロセスであり、具体的には予算の達成状況の把握、重要な差異の分析、その結果の取締役会へのフィードバック、活動の見直しまたは予算の見直しを実施する、といったPDCAサイクルを回す仕組みのことをいいます。

予算編成

　年度予算は事業計画に含まれる1年目の計画が出発点になります。これに直近の実績と事業環境を考慮して予算編成方針の作成を行い，年度予算を確定させることになります。この年度予算を月次に展開して管理することになりますが，その際は単に年度予算を12等分するのではなく過去の月次実績を加味して月次予算を見積ります。例えば，チョコレートメーカーの場合，年間の売上高の40％が2月に計上されるようであれば年度の売上予算の40％を2月に割り当てることになります。

予算統制と月次決算

　このように月次予算が確定すると，実際の進捗状況を月次決算で管理することで予算統制を実施することになります。

　月次決算は，毎月の業績や経営の状況を数値や計数で捉え，部門別・セグメント別の業績を予算と比較して課題や問題点を早期に発見し，対策をとるために行われます。このためには，実績データの集計作業を正確かつ迅速にできる体制の整備が必要です。上場審査上は遅くとも翌月の10日前後までには月次決算を作成することが求められます。また上場後は確定決算のほか，四半期決算を開示する必要があるため，月次決算の正確性・迅速性が不可欠となります。この際，連結子会社がある場合には連結ベースでの月次決算になるので注意が必要です。

　予算と実績の差異分析の結果，年度予算の達成が困難な状況となった場合には予算の見直しが必要となります。また，年度実績が確定した際には，年度予算との差異や環境変化の状況などに応じて事業計画の見直しを実施することになります。

　以上のように月次決算制度の運用を通じて，年度予算の進捗状況を把握し予算達成の施策を適時に実施することが可能となり，予算統制が有効に機能することとなります。

一口メモ

　事業計画の策定にあたっては,環境分析を通じて自社の「強み」「弱み」や外部環境が自社に与える「機会」「脅威」を明らかにし,戦略策定に反映することが重要となります。ここでは環境分析のうち外部環境分析の手法の1つであるPEST分析を簡単に紹介します。

● PEST分析

　PESTとは分析対象となる政治(Politics),経済(Economy),社会(Society),技術(Technology)の頭文字をとったものです。PEST分析では,自社を取り巻く環境に変化が起きた場合,自社に重要な影響を及ぼす項目が何であるかを事前に把握しておくことが大切です。例えば,輸出企業における為替レートや小売業における消費者物価指数など,事業の前提条件となっている要因を把握していないと,事業計画の達成が困難になる可能性があります。

　PEST分析を実施する際には,まず,今後数年間で起こりうる変化項目を洗い出し,その変化項目が自社にどのような影響を及ぼすかを分析することにより,自社の機会と脅威を明らかにする必要があります。ここでの機会とは市場拡大や市場変化により自社がおかれている事業環境がよい方向に変化することをいい,脅威とは現在の事業環境が自社にとって悪い方向に変化することをいいます。

政治(Politics)	社会(Society)
・法律(規制,税制,補助金など) ・政府・関連団体の動向 ・消費者保護・訴訟問題 ・海外の動向	・人口構成 ・ライフスタイル ・天然資源 ・公害,自然災害など
経済(Economy)	技術(Technology)
・景気,失業率など ・物価,金利,為替,株価など ・個人消費,貿易収支など ・産業構造の変化など	・技術革新 ・代替技術の動向 ・特許の動向 ・研究機関の研究テーマなど

第4章

資本政策の
アウトラインを理解しよう

～資本政策～

4-1 資本政策とは

■ 資本政策の事例 ■

株主		X期（現状）株式数	%	新株予約権	第三者割当	X+1期 株式数	%	第三者割当	X+2期 株式数	%	X+3期 株式数	%	株式分割 1:1000	上場直前 株式数	%	株式上場
経営者	顕在	1,000	100.0			1,000	87.0		1,000	74.1	1,000	74.1	999,000	1,000,000	74.1	-100,000
	潜在(※)	0	0.0			0	0.0		0	0.0	0	0.0	0	0	0.0	
	合計	1,000	100.0			1,000	87.0	0	1,000	74.1	1,000	74.1	999,000	1,000,000	74.1	-100,000
取締役	顕在	0	0.0		50	50	4.3		50	3.7	50	3.7	49,950	50,000	3.7	
	潜在(※)	0	0.0	50		50	4.3		50	3.7	50	3.7	49,950	50,000	3.7	
	合計	0	0.0	50	50	100	8.7	0	100	7.4	100	7.4	99,900	100,000	7.4	0
従業員（管理職）	顕在	0	0.0			0	0.0		0	0.0	0	0.0	0	0	0.0	
	潜在(※)	0	0.0	50		50	4.3		50	3.7	50	3.7	49,950	50,000	3.7	
	合計	0	0.0	50		50	4.3		50	3.7	50	3.7	49,950	50,000	3.7	
ベンチャーキャピタル	顕在	0	0.0			0	0.0	200	200	14.8	200	14.8	199,800	200,000	14.8	-100,000
	潜在(※)	0	0.0			0	0.0		0	0.0	0	0.0	0	0	0.0	
	合計	0	0.0			0	0.0	200	200	14.8	200	14.8	199,800	200,000	14.8	-100,000
一般投資家	顕在	0	0.0			0	0.0		0	0.0	0	0.0	0	0	0.0	350,000
	潜在(※)	0	0.0			0	0.0		0	0.0	0	0.0	0	0	0.0	
	合計	0	0.0			0	0.0		0	0.0	0	0.0	0	0	0.0	350,000
合計	顕在	1,000	100.0	0	50	1,050	91.3	200	1,250	92.6	1,250	92.6	1,248,750	1,250,000	92.6	150,000
	潜在(※)	0	0.0	100	0	100	8.7	0	100	7.4	100	7.4	99,900	100,000	7.4	
	合計	1,000	100.0	100	50	1,150	100.0	200	1,350	100.0	1,350	100.0	1,348,650	1,350,000	100.0	150,000
株価／行使価格（円）				200,000	200,000			1,400,000								6,700
資金調達：増資（百万円）					10			280								1,005

財務指標	X期（現状）	X+1期	X+2期	X+3期
売上高（百万円）	400	600	1,600	2,500
経常利益（百万円）	20	40	320	600
当期純利益（百万円）	10	20	160	300
純資産（百万円）	50	80	620	920
1株当たり純資産(BPS)（円）	50,000	69,565	459,259	681,481
1株当たり利益(EPS)（円）	10,000	17,391	118,519	222,222

▌資本政策とは

　資本政策は，事業を展開するにあたり，「資本」をどのように活用するかを考えることです。一般的に「資本」とは株式発行による資金調達をイメージしますが，未上場会社における資本政策は安定株主の議決権割合を確保しつつ，事業に必要な資金を資金調達の手段やタイミングを調整し，役員や従業員にインセンティブの付与を考えることです。

▌資本政策はいつ策定するか

　非上場会社が，資金調達を考えるときは，一般的に金融機関に相談します。金融機関には事業計画と返済計画を説明しますが，銀行借入の場合には，通常資本政策は説明を求められません。そのために非上場会社の大半は資本政策を知らないことがありますが，一般的には，次のようなケースに資本政策の提示を求められます。

◉ベンチャーキャピタルなどから出資を受けるとき

　ベンチャーキャピタルや取引先から出資の打診を受けたときに，事業計画に加え資本政策の提示を求められます。ベンチャーキャピタルなどは事業計画から事業の将来性を確認するとともに，資金調達のタイミングや調達金額から事業計画の実現可能性を確認します。

◉役員や従業員にインセンティブを付与するとき

　経営者はIPOにより，自分自身が保有する株式を売却することで創業者利益を獲得できます。それにあわせて，苦楽をともにした役員や従業員にも同様な利益を与えたいと考えます。また，IPOをするにはかなりの負担を役員や従業員に強いることになり，彼らのモチベーションを上げるためにもインセンティブを付与したいと考え，資本政策を策定します。

4-2 資本政策 策定上の留意事項

■ 新興市場創設前に上場した会社と創設後に上場した会社の傾向 ■

	新興市場創設前	新興市場創設後
創業から上場するまでの年数	長い	短い
経営者の年齢	高齢	若手
IPO 時の売出目的	多額（相続税資金確保,株式購入資金返済）	少額（株式購入資金返済）
IPO 後の資金調達手段	金融機関からの借入	新株発行による資金調達・金融機関からの借入

資本政策は IPO 後のことも考えて策定する

資本政策は，一般的には非上場会社が IPO を視野に入れたときに検討を開始します。資本政策の策定は，一般的にはベンチャーキャピタルや証券会社の公開引受部などの IPO までに携わる関係者が行います。マザーズなどの新興市場が創設される以前は，IPO 時までの資本政策は考えても，IPO 後の資本政策を考えることはほとんどありませんでした。

新興市場が創設される以前は，IPO をするには高い利益水準が求められたことで，IPO をするまでに創業してから何十年もかかることがありました。経営者は，IPO をしたときには高齢になり，IPO をゴールと考えることがありました。また，IPO 後に新株発行による資金調達をする会社は比較的少なく，経営者も IPO 後に自身が保有する株式を売却することも少ない状況でした。そのため，IPO 後に株主構成が大きく変わることがなく，IPO 時までの資本政策を考えておけば十分でした。

しかし，新興市場が創設されてからは，上場する経営者の年齢は次第に下がり，30 代，40 代の経営者も増えてきました。IPO 後に株式市場で資金を調達し，経営者は会社が新興市場から本則市場へステップアップするときに自身が保有する株式を売却するようになりました。あわせて，IPO 後に，株式交換などの手法を利用した M&A を活用し事業を展開する会社も増えてきました。そのために，IPO 後の期間も含めて，資本政策を策定する必要性が増しています。

4-3 資本政策の策定における専門家の利用

■ 資本政策における経営者と専門家の立場の違い ■

> 経営者と専門家との間には,なかなか相入れないところがあります。

> 具体的には,未上場時に株式を購入する投資家は,リスクを低減するためになるべく株価を下げたいと思います。一方で経営者は,なるべく高い株価で株式を発行したいと思います。

> 経営者は,すべてを専門家に任せずに自分自身で決めるべきことを十分理解しておく必要があります。

第4章
資本政策のアウトラインを理解しよう | 85

▍資本政策は策定者の立場により異なる

　資本政策を策定するには，会社法，税法，金融商品取引法，上場審査基準に加え，投資家の動向などを理解する必要があります。また，資本政策は，**4-1** の図にあるように一見すると細かく難しいものにみえてしまいます。そのために経営者は資本政策が難しいものであると考え，専門家に策定を任せようとします。一般的に資本政策は専門家が策定すれば，同じようなものになると思いがちですが，実際には専門家の立場によって異なります。また，場合によっては経営者に不利な資本政策になることもありえます。

▍経営者と専門家の立場の違いによる資本政策の考え方

　ベンチャーキャピタルは会社の事業基盤が脆弱でも，成長の可能性が期待できれば投資をします。そのためベンチャーキャピタルは，事業リスクや経営に関与することを考え，低い株価で多くの株式を取得する資本政策を提案することがあります。一方で，経営者は経営権の維持と自社の成長期待から高い株価で少ない株式を発行して資金調達をしたいと考え，ベンチャーキャピタルが提示する資本政策と考えが異なることがあります。

　また，IPO コンサルティング会社の中には，会社の事業基盤が脆弱で十分な報酬を支払えないときに，報酬の一部を株式等で受け取る提案をするところがあります。経営者は経営権を維持するために安定株主の議決権割合を確保しようと考えますが，IPO コンサルティング会社は金銭による報酬よりも将来の会社の価値が向上することを期待して株式等を報酬として求めることがあります。経営者と IPO コンサルティング会社は，安定株主対策の観点から資本政策に対する考えが異なることがあります。

4-4 経営者が決めるべき事項

■ 経営者が決めるべき「5つの項目」■

資本政策を策定するうえで本来理解しておくべき項目	金融商品取引法
	税法
	会社法
	上場審査基準
	ベンチャーキャピタルの投資基準
	インセンティブプラン
	安定株主対策
	資金計画

経営者がすべて理解するには時間がかかります

経営者は「5つの項目」だけ自分で決定し，あとは専門家に任せます

経営者が決めるべき「5つの項目」	安定株主対策
	資金調達
	インセンティブプラン
	創業者利益
	IPO後の株主像

第4章
資本政策のアウトラインを理解しよう | 87

▌資本政策を策定する際に経営者が決めるべき「5つの項目」

　資本政策は一見すると難しく，すべてを専門家に任せてしまいがちです。しかし，資本政策を理解せずに実行した多くの経営者は，後悔することとなります。そこで，資本政策を策定するうえで，経営者として自分自身で決めるべき5つの項目を示します。

◉ 安定株主対策

　・安定株主は誰か
　・会社法上の株主の権利は
　・安定株主の議決権割合は

◉ 資金調達

　・いつ，いくら資金は必要か
　・どのような手段で資金調達するか

◉ インセンティブプラン

　・誰にインセンティブを付与したいか
　・どのようなインセンティブを付与したいか
　・インセンティブがIPO後にいくら位の財産になるか

◉ 創業者利益

　・誰が
　・いつ
　・いくら欲しいか

◉ IPO後の株主像

　・IPOした後に保有してもらいたい株主は誰か

　経営者は，この5つの項目を十分検討したうえで，専門家と相談しましょう。5つの項目の考え方は次頁以降で解説します。

4−5 安定株主対策

■ 株主の権利 ■

決議の種類	定足数および決議要件		決議事項の例示
普通決議	定足数	議決権の過半数（定款で定足数を加重軽減できる）	・役員報酬の決定 ・計算書類の承認 ・剰余金の配当
	決議要件	出席株主の議決権の過半数	
取締役等の選任，累積投票によらない取締役の解任のための決議	定足数	議決権の過半数 （定款で３分の１以上の割合に軽減できる）	・取締役，監査役の選任 ・累積投票により選任されていない取締役の解任
	決議要件	出席株主の議決権の過半数 （過半数を上回る割合を定款で定めた場合には，その割合以上）	
特別決議	定足数	議決権の過半数 （定款で３分の１以上の割合に軽減できる）	・累積投票により選任された取締役の解任 ・監査役の解任 ・定款の変更 ・事業の重要な一部の譲渡
	決議要件	出席株主の議決権の３分の２以上 （定款で決議要件を加重できる）	

安定株主は誰か

　経営者は，第三者の株主が入ることにより経営が不安定にならないように，経営者の判断に同意する安定株主に議決権を集めようとします。一般的に安定株主は，経営者本人，経営者の配偶者および親族，取締役，金融機関，取引先などが想定されます。そこで，経営者はIPO前に安定株主として想定される株主を考えておくことが必要です。

会社法上の株主の権利

　会社法上の株主の権利は議決権割合や持株数によって決まり，議決権割合が3分の1，2分の1，3分の2により権利が異なる点に留意が必要です。議決権割合が多いほど株主として権利が強くなりますが，第三者割当による資金調達や役員や従業員へのインセンティブプランを導入しようとすると経営者自身の議決権割合を下げざるを得なくなるというトレードオフの関係になることに留意が必要です。

安定株主の議決権割合

　会社法上の株主の権利から判断すると，理想的には株主総会で議決権の3分の2以上を保有すればよいのですが，資金調達やインセンティブプランなどを考えると，過半数程度の議決権を保有すればよいものと思われます。

　ただし，経営者の議決権割合が低下しても，すぐに経営者の地位を剥奪されるということはなく，株主の信頼を獲得することができれば，経営者として経営に携わることができます。

　つまり，安定株主対策は，経営者が議決権を多く保有することのほかに，株主から信頼されることも重要な対策となります。

4-6 資金調達

■ 調達金額によって事業計画は異なる ■

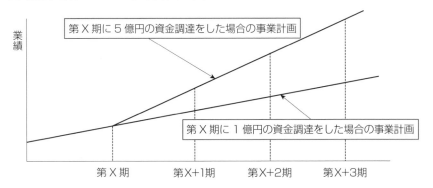

■ 事業会社に株式を割り当てる場合の留意点 ■

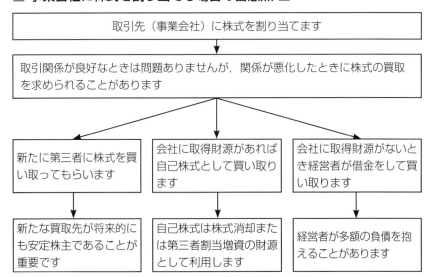

第4章
資本政策のアウトラインを理解しよう | 91

▍いつ，いくらの資金をどのような手段で調達するかを考える

IPO を考えなければ，主な資金調達の手段は金融機関からの借入金となりますが，IPO を考えるようになると，ベンチャーキャピタルや取引先から出資の申出を受けることがあります。そのときは，まず会社として，いつ，どれだけの資金が必要かをよく考えてください。借入による資金調達がよいのか，新株発行による資金調達がよいのか，またその資金を調達することでどれだけ事業が成長するかを見極める必要があります。

また，安定株主対策を目的とするならば，業績が安定せず株価の安いときは新株発行による資金調達は抑えて金融機関からの借入金で調達し，業績がよくなり株価が高くなってからは，新株発行による資金調達を行うことが望ましいといえます。

▍事業会社の出資を受ける場合の留意点

IPO 前や IPO 後に，取引関係を強化するために，事業会社の出資を受けることがあります。取引が良好なときは問題ありませんが，関係が悪化したり，取引を解消した場合には，事業会社から株式の買取を求められることがあります。

そのときに問題になるのは買取先の選定です。買取金額が小さければ経営者自らが買い取ることもありますが，金額が大きくなると個人で負担するにも限界があります。事業会社に株式を割り当てる場合には，常に買い取るリスクを考えておくことと，その株式の買取先も想定しておく必要があります。

4-7 付与先別の インセンティブプランの留意点

■ 付与先別のインセンティブプランのリスク ■

付与先	リスク	理由
すべての役員や従業員	安定株主の議決権割合が低下	役員や従業員が多い場合，全員にインセンティブを付与すると安定株主の議決権割合が低下します。
	モチベーションが上がらない	インセンティブの意味を十分に役員や従業員が理解しないとモチベーションは上がりません。
一部の役員や従業員	モチベーションが下がる	特定の役員や従業員だけにインセンティブを付与すると，インセンティブを付与された者のモチベーションは上がります。一方，付与されない者のモチベーションを下げてしまうことがあります。

誰にインセンティブを付与したいか

IPOを考えるようになると，今まで一緒に苦楽をともにした役員や従業員にもIPOを達成する喜びを与えるためインセンティブを付与したいと考えることがあります。

経営者は，在籍するすべての者に付与したいと考えたり，一部の者に付与したいと考えるなどいろいろな考え方があります。そこで，いくつかの事例に基づき留意点を整理します。

すべての役員と従業員にインセンティブを付与する場合
◉安定株主の議決権割合が低下する

役員や従業員の数が少ない場合には，全員にインセンティブを付与しても個々に多くのインセンティブを付与しないかぎり，安定株主の議決権割合の低下は少なくてすみますが，役員や従業員の数が多い場合には，少しずつでも全員にインセンティブを付与すると安定株主の議決権割合が大きく低下することがあります。

◉役員や従業員がインセンティブの意味を理解していない

インセンティブによる効果を理解していると，モチベーションは高まりますが，IPOの目的やその効果を理解していないと，インセンティブを付与してもモチベーションは上がりません。

一部の役員や従業員にインセンティブを付与する場合

経営者として，役員や幹部社員にインセンティブを付与したいと考えることがあります。付与された役員や従業員のモチベーションを高めることができますが，逆に付与されなかった役員や従業員のモチベーションは下がってしまうことがあります。なお，インセンティブを付与する際には，通常の人事評価と同様に理由づけや納得感が必要です。

4-8 インセンティブを付与する量の留意点

■ 多すぎるインセンティブと少なすぎるインセンティブ ■

インセンティブを付与する量	リスク	理由
多すぎる	労働意欲がなくなる	付与されたインセンティブが IPO後に巨額の財産になると労働意欲がなくなり，退職者が増えたり，毎日株価が気になる役職員が増え，業績を上げるつもりが，逆に下げてしまうことがあります。
少なすぎる	インセンティブとしての効果が少ない	インセンティブを付与されたときはモチベーションは上がりますが，IPO後に想定したほどの財産にならないとやる気をなくしてしまうことがあります。

■インセンティブが IPO 後にいくらぐらいの財産になるか

　インセンティブを付与するときに，どの程度のインセンティブを付与するべきかを悩むことがあります。本来インセンティブはモチベーションを上げる手段ですが，逆にモチベーションを下げてしまうこともあります。特に付与するインセンティブの量によってはモチベーションが変わります。

◉インセンティブが多すぎる場合の問題点

　インセンティブを付与しすぎると，IPO 後に思いがけない財産を手にすることになることがあります。場合によっては数億円の財産になり，モチベーションを上げるつもりが逆にモチベーションを下げ労働意欲が低下して，退職してしまうことがあります。

◉インセンティブが少なすぎる場合の問題点

　IPO を準備する過程で，IPO の経験者や優秀な人材を採用することがあります。IPO の準備会社の中には十分な報酬を支払えないこともあり，ストック・オプションなどのインセンティブを付与することで不足分を補うことがあります。そのときにインセンティブが少なすぎると必要な人材を採用することができない可能性があります。

■インセンティブを付与する目安

　インセンティブを付与する場合，付与する従業員別に，IPO 後に手にする財産をシミュレーションし，会社の給与などを考慮してインセンティブの量を決める必要があります。

4−9 現物株式による インセンティブプラン

■ インセンティブの種類 ■

付与先	手段	現物株式		ストック・オプション
		直接	従業員持株会	
役員		△	—	○
従業員	離職率が高い会社	×	△※	○
	離職率が低い会社	△	○	○
	IPOまでの 期間が長い会社	△	○	○
	IPOまでの 期間が短い会社	△	△	○

「○」は適している。「△」はどちらともいえない。「×」は適していない。

※ 離職率が高い会社がインセンティブの手段として従業員持株会を用いた場合，会員の入退会の手続きを入社・退社の都度行うことにより事務的な負担が重くなります。

第4章
資本政策のアウトラインを理解しよう　97

▌どのようなインセンティブを付与したいか

　インセンティブの種類は，現物株式とストック・オプションに大別することができます。

▌現物株式

　経営幹部に現物株式を保有させることで，経営者と同様に経営の責任をもたせ，経営陣としての一体感を出すことがあります。

◉買取リスク

　経営も順調に行い，経営陣がまとまっているときはよいのですが，経営方針の相違などで一部の取締役が辞めることになり，その取締役が所有していた現物株式の買取を求められたときの対応についても想定しておく必要があります。そのときに，新たな引受先と買取価額が特に問題になります。買取総額が少ない場合には経営者が購入することもありますが，金額が多いと他の経営者にも負担を強いることがあります。また，場合によっては会社が自己株式で買い取ることがあります。

◉買取価額が最大の問題

　経営幹部が現物株式を購入後に，ベンチャーキャピタルや事業会社などに将来の価値を考慮したDCF法など一般的に高めの株価になる算定方式で算定した株価で第三者割当増資や株式移動などの取引がある場合，経営幹部からその株価で買取を求められることがあります。

　一般的にベンチャーキャピタルなどの外部の投資家が投資する場合には，会社の株価は，同族間の移動や役員や従業員にインセンティブを付与するときに比べて高く設定される傾向があります。またその後の資本政策において株式を移動するときもその株価に影響されることがあります。

4-10 従業員持株会による インセンティブプラン

■ 上場会社と非上場会社における従業員持株会の購入方法の違い ■

	上場会社	非上場会社
拠出金	・毎月の給与や賞与から天引きにより拠出します。	・毎月の給与や賞与から天引きにより拠出します。 ・株式購入時などに臨時的に拠出します。
株式の購入方法	・従業員持株会は，毎月，株式市場から株式を購入します。	・従業員持株会は，従業員持株会に対する第三者割当増資や既存株主から従業員持株会に株式譲渡があった場合に，株式を購入します。

■ 従業員持株会加入から IPO までの期間別の課題と対策案 ■

IPO までの期間	課題	対策案
短い場合	毎月の給与から積み立てても少ない金額しか積み立てられずにインセンティブの効果が低くなります。	・インセンティブをストック・オプションに切り替えるか併用します。 ・従業員持株会に株式を割り当てるときに，毎月の拠出金の積立金とは別に従業員持株会の会員に臨時拠出金を募り，ある程度まとまった株式を購入できるようにします。
長い場合	本当に IPO をするか不安になります。	・IPO をする場合には，経営者は IPO に取り組んでいることを役員や従業員に定期的にアナウンスします。 ・IPO をしない場合には，配当金を出すことで株式を保有する意味を伝えたり，従業員持株会の株式の買取を検討します。

▌従業員持株会

　従業員は従業員持株会を通じて株式を保有することができます。従業員は，給与天引きなどにより毎月の経済的な負担を軽減しながら株式購入の資金を積み立てることができます。そして，従業員持株会は会社にとって要件を満たせば，1人株主となり株式管理の面から事務的な負担が軽減されます。また，従業員持株会の規約に退会時の処理を明記することで，退会時の買取についてももめることがありません。

⦿ IPOまでの期間が短い場合

　IPOまでの期間が短い会社が，従業員持株会で拠出金を積み立てても拠出期間が短いために十分に積み立てることができず，インセンティブの効果が上がらないことがあります。その場合，ストック・オプションなどの導入を検討すべきです。

⦿ IPOまでの期間が長い場合

　IPOまでの期間が長い場合や業績悪化などによりIPOの可能性が不明瞭なときには，従業員持株会の退会者が増えることがあります。退会者の保有株式は従業員持株会に売却し，従業員持株会は会員の積立金で株式を購入します。従業員持株会に積立金が十分ある場合には問題ありませんが，従業員持株会の積立金が不足することにより退会者の株式を購入できないときは，従業員持株会が破たんすることがあります。従業員持株会の破たん懸念がある場合には，従業員持株会が保有する株式を会社か経営者などが買い取り，IPOの可能性が高まったときに従業員持株会の再開などを検討する必要があります。

4-11 ストック・オプションによるインセンティブプラン

■ ストック・オプションにおける留意点 ■

	役員や従業員	主幹事証券会社
留意点	ストック・オプションの意味を理解しないとインセンティブの効果がないことがあります	主幹事証券会社は，上場時に多くのストック・オプションなどの潜在株式があると，上場後の行使により株価が希薄化することを嫌がります
対策案	ストック・オプションを付与する際に，ストック・オプションのメリット・デメリットを十分説明する必要があります	未上場段階に付与するストック・オプションはIPO後に行使できるように設定することがありますので，ストック・オプションを付与する際は，主幹事証券会社と付与数について相談することが重要です

■ ストック・オプションで経済的なリスクが軽減される理由 ■

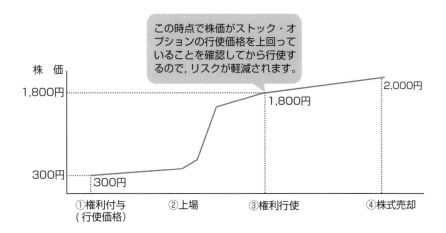

┃ストック・オプション

　インセンティブの手段として，役員や従業員に無償で新株予約権（ストック・オプション）を付与することがあります。ストック・オプションとは付与時に設定した行使価格で，株式を購入できる権利です。

┃ストック・オプションのメリット

　ストック・オプションを保有する役員や従業員は IPO 後に株価が行使価格を上回ることを確認したうえで，行使価格で株式を購入し，すぐに株式を売却し利益を獲得します。そのため，経済的な負担は大きく軽減されます。

　そして，役員や従業員が株式を保有し IPO 前に辞めた場合，その株式の買取についてもめることがあります。それに対して，ストック・オプションは IPO 後に行使できるように設計すれば，役員や従業員が IPO 前に辞めてもストック・オプションは無効になり，会社にとって買取などの事務的な負担は軽減されます。

┃ストック・オプションのデメリット

　役員や従業員にとって IPO 前に辞めると，ストック・オプションが行使できずにインセンティブの効果はありません。また，IPO 後に株価が行使価格を上回らないと価値のないものになります。

　そして，ストック・オプションを発行した後の株価は，ストック・オプションの行使後の株数で算定するために下がる傾向があります。また，ストック・オプションを未行使のまま上場すると，上場後に行使することで希薄化（ダイリューション）がおき株価が下がるリスクがあります。そのために非上場時に大量のストック・オプションがある場合には主幹事証券会社は IPO 前に一部放棄したり，行使したりすることを求めることがあります。

4-12 創業者利益

■ 創業者や経営者が自社株式を売却しにくい理由 ■

・インサイダー取引規制

> 経営者が株式を売却できる時期は，インサイダー取引規制により数少ない
> タイミングしかなく，売却のタイミングは証券会社と相談のうえ慎重に決
> める必要があります。

> 信託銀行の中には，インサイダー取引に抵触しないように「株式処
> 分信託」を用いた売却手段を提案するところもあります。

・レピュテーショナルリスク

> 経営者が自社株式を売却すると，業績が悪化するから売却するのではない
> かとか，株価が下がる要因があるのではないかと投資家から思われること
> があります。

第4章
資本政策のアウトラインを理解しよう | 103

▌創業者が株式を売却できるタイミング

　創業者が保有する株式を売却することにより得られる利益を創業者利益といいます。一般的に創業者が経営に携わっている場合には，創業者が保有する株式を売却できるタイミングはインサイダー取引規制を考えると，IPO 時，取引市場を変更するとき，もしくは株式処分信託を利用する場合などが考えられます。

▌いつ，いくらの創業者利益が欲しいか

　新興市場に上場した後に本則市場に上場するなど，市場をステップアップするケースが増えてきました。

　そこで，創業者は，新興市場に上場するときと市場をステップアップするときに，自己が保有する株式をどの程度売却したいかを，創業者個人としての資金計画からあらかじめ検討しておく必要があります。

▌レピュテーショナルリスク

　上場会社では，発行済株式総数の5％超保有する株主が1％以上の持株比率を増加または減少する場合，変更報告書を財務局に提出しなければなりません。

　創業者が株式を売却したときに変更報告書を提出することになると，どの程度の株式を売却したかが開示されます。一般的に，創業者が自社の株式を売却すると，業績が悪化するのではないかと思われ，株価が下がるリスクがあります。そのため，創業者や経営者が株式を売却することは株価を下げる要因になることを認識する必要があります。

4-13 IPO 後の株主

■ 未上場会社と上場会社の安定株主の考え方と対策案 ■

	未上場会社	上場会社
安定株主の考え方	経営者やその親族，役員など経営者に近しい者を安定株主として考える傾向にあります	経営者に近しい者だけが安定株主であると考えた場合，株式市場における資金調達などにより安定株主の議決権割合が低下することになり，株式市場から資金調達することができなくなります。そこで，上場後は，経営者に近しい者の他に，機関投資家や個人投資家を安定株主にする必要があります。
対策案	株価の安いときに安定株主に株式を割り当てるなどの対策をとります	IR を通じて機関投資家や一般投資家に会社の現状や今後の方向性を説明したうえで，投資家が安心して経営を任せたいと思えるようにする必要があります。

第4章
資本政策のアウトラインを理解しよう | 105

IPO後に保有してもらいたい株主像は誰か

　会社の事業戦略からIPO後にどのような投資家に株式を保有しても
らいたいかを検討する必要があります。機関投資家と個人投資家に分け
て具体的な対策案を説明します。

◉機関投資家

　機関投資家は，株式市場から株式を購入することもありますが，まと
まった株式を購入するために株式市場外での取引を行うことがありま
す。機関投資家は経営者と面談した際に，成長が期待できると，その会
社の株式を購入します。一般的には流動性がある株式であれば，機関投
資家が株式市場で株式を買ってもよいのですが，流動性が低い株式の場
合は，株価が大きく動くことがあるので株式市場外で相対取引をします。

　そのとき，機関投資家はまとまった株式を売却する株主がいないかを
会社に確認します。売却を希望する株主がいれば，株式市場外で取引を
しますが，売却したい株主がいない場合には，機関投資家は株式市場で
購入することにより株価が上がることがあります。そのためIPO後の
株主として機関投資家を考える場合は，IPO後もしばらく保有するベン
チャーキャピタルなどにIPO前に株式をもってもらい，機関投資家か
ら購入依頼があったときに株式市場外で売買ができるように備えること
もあります。

◉一般投資家

　一般投資家は一般的に株式市場を通じて株式を購入するので，流動性
が低いと，買い控える傾向があります。将来的に一般投資家に株式を保
有させる場合には，流動性を上げるために株式分割などを用いて購入し
やすい株価に設定することを想定しておくことが必要です。

一口メモ

　資本政策の相談を受ける場合，まず，事業計画を確認させていただきます。そして，事業計画がない場合は，策定いただくように依頼します。

　事業計画を策定する際に，陥る典型的な間違いがあります。それは，経営者が事業計画を策定する意義を理解せずに事業計画のテンプレートに記入できることから入力し，最後に体裁を整えて事業計画を策定してしまうことです。一見すると，立派な事業計画書のようにみえます。

　しかし，事業計画を策定する目的は，経営者としての経営理念を具現化するために，今何をすべきか，中期的に何をすべきかを示すことです。

　資本政策を考えるときに，資金調達をいつするか，いくらの株価にするべきかなどを考えてしまいますが，経営理念のない会社では，ステークホルダーから信頼されません。

　資本政策を策定するうえで重要なことは，経営理念を明確にした事業計画を策定したうえで，株主から経営を任せられる関係を構築することです。

第5章

IPOでは税金のことも
お忘れなく

～IPOに関する税金～

5-1 株式譲渡の際に払う税金

■ 低額譲渡・高額譲渡の場合の追加的な課税関係 ■

売手	買手	ケース	売手側の課税	買手側の課税
個人	個人	低額譲渡	―	• 贈与税 著しく低い価額の譲渡についてみなし贈与課税 「著しく低い価額」の判定については，明確な基準はなく具体的事例に即し判定 • 取得価額の引継ぎ
		高額譲渡	• 贈与税	―
個人	法人	低額譲渡	• 譲渡所得 • みなし譲渡課税 時価の1/2未満での譲渡については，時価で譲渡したものとみなす • 同族会社等に対する譲渡課税時価の1/2以上の対価であっても同族会社に対する譲渡は時価で譲渡したものとされる	• 受贈益課税 時価と取得価額の差額について課税 • 取得価額の増額
		高額譲渡	• 一時所得・給与所得	• 寄付金認定・賞与認定課税 • 取得価額の減額
法人	個人	低額譲渡	• 寄付金認定・給与所得課税	• 一時所得，給与所得課税
		高額譲渡	―	―
法人	法人	低額譲渡	• 寄付金認定課税	• 受贈益課税 • 取得価額の増額
		高額譲渡	―	• 寄付金認定 • 取得価額の減額

通常の課税

　株式を譲渡することによりキャピタルゲイン（譲渡益）を得る場合には税金が課されます。

　個人が株式譲渡をした場合には，所得税等が課され，その譲渡益課税制度は他の所得と区分して税金を計算する「申告分離課税制度」です。法人が株式譲渡をした場合には，法人税等が課され，譲渡益が法人所得の計算上益金に算入されて課税対象とされます。

　一方，譲渡された側は原則として課税はされません。

売手側	個人	（売却価額−取得価額[*1]）×株式数× 20%[*2] ＊1　売却価額の5％を取得価額とすることも可能（有利な方を選択） ＊2　所得税15%＋住民税5%（復興特別所得税を除く）
	法人	（売却価額−取得価額）×株式数×法人税率
買手側		原則として課税関係なし

低額譲渡・高額譲渡の場合

　通常の課税は株式譲渡が適正価額（時価）で行われた場合を前提としており，時価と乖離した価額で株式譲渡を行った場合（低額譲渡・高額譲渡）には，追加的な課税関係が生じてきます。

　この追加的な課税関係は売手・買手が法人か個人かによって課税方法が違ってきます。詳細は左図表を参照ください。

5-2 贈与の際に払う税金

■ 贈与税の速算表 ■

◆一般の贈与

基礎控除後の課税価格	2,000 千円以下	2,000 千円超 3,000 千円以下	3,000 千円超 4,000 千円以下	4,000 千円超 6,000 千円以下
贈与税率	10%	15%	20%	30%
控除額	－	100 千円	250 千円	650 千円

基礎控除後の課税価格	6,000 千円超 10,000 千円以下	10,000 千円超 15,000 千円以下	15,000 千円超 30,000 千円以下	30,000 千円超
贈与税率	40%	45%	50%	55%
控除額	1,250 千円	1,750 千円	2,500 千円	4,000 千円

◆直系尊属からの贈与

基礎控除後の課税価格	2,000 千円以下	2,000 千円超 4,000 千円以下	4,000 千円超 6,000 千円以下	6,000 千円超 10,000 千円以下
贈与税率	10%	15%	20%	30%
控除額	－	100 千円	300 千円	900 千円

基礎控除後の課税価格	10,000 千円超 15,000 千円以下	15,000 千円超 30,000 千円以下	30,000 千円超 45,000 千円以下	45,000 千円超
贈与税率	40%	45%	50%	55%
控除額	1,900 千円	2,650 千円	4,150 千円	6,400 千円

第5章
IPOでは税金のこともお忘れなく | 111

▌贈与税

　個人が個人に対し無償で株式譲渡を行った場合には，贈与を受けた者
（受贈者）に対し贈与税が課されます。一方で贈与をした者（贈与者）
は課税されません。

　贈与税は原則として贈与を受けた年の翌年2月1日から3月15日
までに申告・納税します。

贈与者	課税関係なし
受贈者	（贈与価額×株式数−1,100,000円*）×贈与税率−控除額 　＊基礎控除額

▌贈与税の税率

　一般の贈与については，贈与税の最高税率は55%となっています。
また，一般の贈与と区分し，20歳以上の者に対する直系尊属からの贈与，
つまり，両親や祖父母からの贈与については，優遇税率が設けられてい
ます。

　これは，次世代，次々世代への財産を移動させ，経済の活性化を促進
するためのものです。

5-3 第三者割当増資における課税

■ 第三者割当増資の課税関係 ■

発行法人	時価発行の場合	課税関係なし（資本取引のため）
	有利発行の場合	課税関係なし（資本取引のため）
引き受ける個人や法人	時価発行の場合	課税関係なし
	有利発行の場合	課税関係あり 　同族株主の親族等：贈与税 　役員・従業員：所得税等（給与所得，退職所得） 　その他の個人：所得税等（一時所得，事業所得，または雑所得） 　法人：法人税（益金課税）

■ 発行時期により発行価額が問題となるケース（同時期またはきわめて短期間に発行する場合） ■

第1回第三者割当増資：割当先＝金融機関・取引先

　　　　　　　　　　発行価額＝時価純資産価額 1,000円

第2回第三者割当増資：割当先＝同族役員

　　　　　　　　　　発行価額＝配当還元価額　100円

第5章
IPOでは税金のこともお忘れなく | 113

▊発行価額について

　第三者割当増資ではその発行価額が重要となってきます。第三者割当増資は誰に割当をしてもよいのですが，発行価額は既存株主の利益を保護するため，時価でなければなりません。

　なお，未上場会社の時価については，**5-7**を参照してください。

▊税法上の考え方

　税法上では，第三者割当増資が時価発行の場合には，特に課税関係は生じません。しかし，時価よりも低く発行する有利発行の場合には，その取得時における時価を適正発行価額として，時価と払込価額との差額に課税関係が生じます。

　発行法人側は資本取引であるため課税関係は生じませんが，引受側は引受人が個人である場合，同族株主の親族等には贈与税が課税され，役員・従業員の場合には給与所得等，その他の個人の場合には一時所得として課税されます。また，引受人が法人である場合には，法人税の所得金額の計算上受贈益として益金に算入し課税されます。

　つまり，税法上課税を避けるためにも，発行価額を時価とする必要があります。

▊発行時期により発行価額が問題となるケース

　1回目として金融機関や取引先に時価純資産価額1,000円で第三者割当増資を行い，同時期またはきわめて短期間の間に同族役員に配当還元価額100円で2回目の第三者割当増資を行った場合には，時価純資産価額1,000円が時価と判断され，その1,000円と100円の差額900円について，同族役員が経済的利益として課税される可能性が高くなります。異なる発行価格で増資を行う場合には，その第三者割当増資の時期を慎重に検討することが必要です。

5−4 税制適格ストック・オプションを導入する意義

■ 通常の課税関係 ■

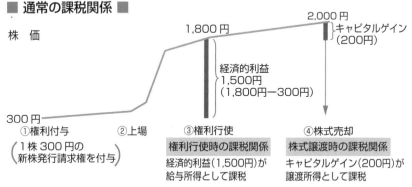

■ 税制適格ストック・オプションの課税関係 ■

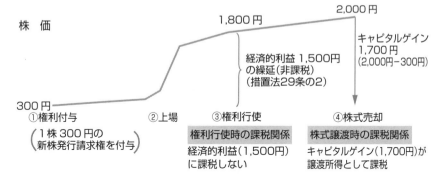

■ 税制適格ストック・オプションの適用要件 ■

権利行使期間	権利付与決議の日後、2年を経過した日から10年を経過する日までの間に行使
限度額	年間の権利行使価額の合計額が1,200万円以下
権利行使価額	契約締結時の株式時価以上
譲渡	譲渡は原則として禁止
株式の保管	取得した株式は証券会社等に保管を委託
新株の発行等	付与決議事項に反しないこと
付与契約	要件は付与契約において定める
新株予約権の付与に関する調書	ストック・オプションを付与した日の属する年の翌年1月31日までに税務署に提出
適用対象者	発行会社またはその子会社等の取締役または使用人等（大株主および監査役は除く） 大株主：発行済株式の1／3超を保有する株主

第5章
IPOでは税金のこともお忘れなく | 115

　税制適格ストック・オプションとは，ストック・オプションの権利行使時に税務上の優遇措置が講じられているものです。

通常の課税関係

　時価相当額の1株300円の新株予約権を従業員等に付与して300円で権利行使し，株式を取得したとすると，権利行使時にそのときの時価1,800円から300円を引いた1,500円の経済的利益について，給与所得等として課税されます。そしてその後，株式を2,000円で売却したとすると，200円の譲渡益が譲渡所得として課税されます。つまり，売却代金が手に入る前の権利行使時に課税されるため，納税資金調達が難しいという問題が生じます。そこで，経済的利益の課税の繰延の特例措置として税制適格ストック・オプション制度があります。

税制適格ストック・オプション

　税制適格ストック・オプションの課税関係は，権利付与時は通常の場合と同様ですが，それ以降が異なります。権利行使時には課税せず，売却時に売却代金の2,000円から権利行使時の払込金額の300円を引いた売却益1,700円が譲渡所得として課税されます。

　また，通常の課税関係の場合における権利行使時の1,500円の経済的利益の課税は給与所得としての課税であるのに対して，税制適格ストック・オプションの1,700円の課税は譲渡所得です。つまり，給与所得の課税税率は超過累進税率であるのに対して，株式の譲渡所得の課税税率は20％（復興特別所得税を除く）ですので，税制適格ストック・オプションの方が税額を抑えられるケースもあります。

適用要件

　税制適格ストック・オプションについては，左図表のようにさまざまな適用要件が定められており，慎重な検討が必要となります。

5-5 財産保全会社を設立する意味

■ 財産保全会社とは ■

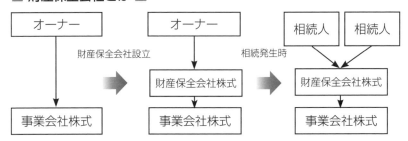

■ 財産保全会社のメリット ■

◆株式を直接所有する場合と間接所有する場合の相続税評価額の違い
　取得時の株価が20万円，上場後株価が200万円とすると

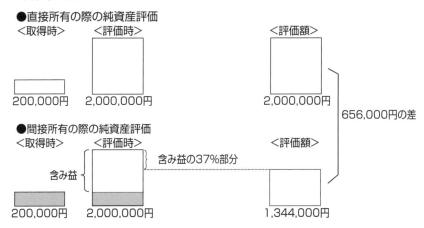

■ 新規上場会社における財産保全会社の持株比率平均値（令和元年）■

既存市場	31.3%
JASDAQ	51.4%
マザーズ	35.7%

※ ディスクロージャー実務研究会編『株式公開白書　2020年版』（プロネクサス）より抜粋
※ 財産保全会社を保有している新規上場会社を集計

第5章
IPOでは税金のこともお忘れなく | 117

▌財産保全会社とは

　相続が生じるごとにオーナー一族が所有する「自社株式」が分散しないように，オーナー一族が所有する「自社株式」を財産保全会社に移動する方法が資本政策上用いられることがあります。

▌財産保全会社のメリット

　財産保全会社の特徴につきましては，この株式を分散させないというメリットのほかに，税務上のメリットがあります。相続税法上の純資産価額の計算上は，財産保全会社が「自社株式」を取得した場合，その取得時から相続発生時までに生じた保有株式の含み益部分については，37％控除という評価の減額が認められているので，そのメリットを活用できます。

　例えば，取得時の株価が20万円，上場後の株価が200万円になったとすると，20万円から200万円までの値上がり部分の180万円について37％減額でき，2,000,000円 − 1,800,000円 × 37％ ＝ 1,344,000円という評価額で相続税評価をすることができます。

▌財産保全会社のデメリット

　一方でデメリットとしては，財産保全会社の株式は換金性がなく，株式を現金化することは難しいことがあります。例えば，オーナー一族に相続が発生した場合，納税の際の資金繰りができなくなってしまうというマイナス面があるため，財産保全会社に株式をもたせすぎないようにする必要があります。

　具体的な持株比率については，左図の新規上場会社における財産保全会社の持株比率平均値も参考にしながら，慎重な検討が必要です。

5-6 後継者(子供)のための事業承継対策

■ 売買と贈与の比較 ■

	売買	贈与
課税方法	譲渡者：所得税	受贈者：贈与税
資金調達	オーナー：必要なし (売却代金から所得税納付) 後継者：取得代金	オーナー：必要なし 後継者：贈与税　支払資金

■ 相続時精算課税制度 ■

適用対象者	贈与者：60歳以上の父母・祖父母, 受贈者：20歳以上の子・孫
適用対象資産	贈与財産の種類, 金額, 贈与回数に制限なし
贈与時の 贈与税額の計算	(贈与財産の価額－2,500万円)×20% 限度額2,500万円に残額がある場合は複数年にわたり利用可
相続時の 相続税額の計算	相続財産に上記贈与財産を加算して相続税額を計算 その相続税額から上記贈与税額を控除したものが納付税額

■ 贈与税・相続税の納税猶予制度 ■

◆取引相場のない株式等に係る贈与税の納税猶予制度

経済産業大臣の認定を受ける非上場の同族会社の経営者から, 贈与によりその経営者が保有するその非上場会社株式の全部又は一定以上(後継者が贈与前に所有する株式を含めて, 発行済株式総数の3分の2に達するまでの部分に限る)を取得し, その会社を経営していく場合には, その贈与に係る贈与税の全額の納税が猶予されます。

◆取引相場のない株式等に係る相続税の納税猶予制度

同族会社の経営者から相続等によりその非上場会社株式を取得し, その後事業を継続していく経営承継相続人については, 発行済議決権株式の総数等の3分の2に達するまでの相続した株式に係る課税価格の80%に対応する相続税の納税が猶予されます。

　　経営承継相続人：「中小企業における経営の承継の円滑化に関する法律」により経済産業
　　　　　　　大臣の認定を受けた中小企業の経営承継相続人

※特例措置：平成30年4月1日から令和5年3月31日までに特例承継計画を提出する等の要件を満たす場合には, 平成30年1月1日から令和9年12月31日までの相続等・贈与については, 対象となる株式全株について, 相続税・贈与税とも全額が猶予される等の優遇があります。

第5章
IPOでは税金のこともお忘れなく | 119

▐ 売買と贈与

　オーナーから後継者（子供）へ株式を渡す方法としては，一般的に売買（有償で株式を取引する）と贈与（無償で株式を取引する）があります。この2つは下記の点に留意して，どちらがよいか選択することになります。

◉ 税額について

　売買の際の所得税・住民税は一律20％（復興特別所得税を除く）課税に対し，贈与の際の贈与税は超過累進税率です。つまり，移動総額が多い場合には税額としては売買の方が有利ですが，移動総額が少ない場合には，贈与の方が有利になります。

◉ 税金の納税義務者について

　所得税は株式を渡す者が支払い，贈与税は株式を受け取る者が支払います。通常，後継者は手許資金が少ないケースが多いので，贈与の際には贈与税納付のための資金を考慮する必要があります。

◉ 資産移動について

　売買ではオーナーが株式を手放し後継者から現金を取得します。税金を引かれますが，株式が現金にかわっただけでオーナーの財産の総額は変わりません。相続税対策としての効果はオーナーの財産が減少する贈与の方が大きいといえます。

◉ 後継者にとって必要となる資金について

　後継者にとって必要となる資金は，株式の移動額の多寡に関係なく売買の方が多くなります。

▐ その他

　オーナーから後継者へ株式を渡す方法としては，上記の通常の贈与と売買のほかに，贈与時点の納税額が軽減される「相続時精算課税制度」と贈与時点の納税や相続時の納税が猶予される「贈与税・相続税の納税猶予制度」があります。税金面での優遇措置ですが，手続きが複雑なものですので，専門家へ問い合わせることをお勧めします。

5-7 未上場株式の評価-時価

■ 贈与の際の時価の考え方 ■

贈与する相手	評価方式
支配株主（オーナー・一族等）	原則的評価方式（一般的に，類似業種比準価額，純資産価額またはその併用）
少数株主（従業員等）	特定的評価方式（一般的に，配当還元価額）

■ 売買の際の時価の考え方 ■

買手	評価方式
第三者	▶原則として課税の問題はなし＝交渉価格が時価 ▶価格決定の際の参考数値 　DCF法，国税庁方式，類似会社比準方式，その他の株価評価方法
同族	▶相続税法財産評価基本通達を準用

■ 税法上の時価の考え方 ■

所得税法	【株式等を取得する権利の価額】 • 所基通23～35共-9（5） 　①売買事例のあるもの　最近の売買事例 　②公開途上にある株式（省略） 　③売買事例のないもので類似法人の株式の価額があるもの　類似会社比準方式による価額 　④「①～③」以外　直近の純資産価額を参酌
法人税法	【法人が非上場株式の評価損を計上する場合の時価】 • 法基通9-1-13 　①売買事例のあるもの　事業年度終了の日前6月間以内の売買事例 　②公開途上にある株式（省略） 　③売買事例のないもので類似法人の株式の価額があるもの　類似会社比準方式による価額 　④「①～③」以外　直近の純資産価額を参酌 • 法基通9-1-14 　課税上弊害がない場合に限り，相続税財産評価基本通達による価額
相続税法	【取引相場のない株式の評価】 • 財産評価基本通達178～189-7 　①支配株主が取得した株式（③を除く）　会社の規模に応じて3区分し，「純資産価額」と「類似業種比準価額と純資産価額」の併用方式 　②同族以外の株主が取得した株式　類似業種比準価額 　③支配株主が取得した特定の評価方法の株式　純資産価額等

贈与の際の時価の考え方

　贈与の際の時価を求める場合には相続税の財産評価基本通達を適用します。贈与された側がオーナー，一族などといった支配株主である場合には，類似業種比準価額，純資産価額，または類似業種比準価額と純資産価額の併用方式による価額が時価となります。

　また，贈与された側が，従業員などといった少数株主である場合には，一般的に類似業種比準価額や純資産価額より低い価額である配当還元価額が時価となります。

売買・第三者割当増資の際の時価の考え方

　売買の際の時価を求める場合には，その取引者同士の関係で考え方が異なります。同族関係ではなくまったくの第三者間の売買については，市場原理により適正価格が定まります。したがって，その取引価格を税法上も時価と捉えます。ただし，その際にも株価算定は不要というわけではなく，価格決定の際の参考数値としてDCF法，国税庁方式等の株価算定を行います。

　一方，同族間の売買につきましては，恣意的に取引価格を決定することが可能ですので，著しく高い価格または低い価格で売買した場合には，その経済的利益について，法人税または所得税の課税のリスクが生じるため，そのリスクを避けるために，税法の規定に従って取引価格を決定します。

　また，第三者割当増資の「時価」についても，売買と同様に考えます。まったくの第三者に株式を割り当てる場合には，その取引価格を時価と捉えます。一方で，その会社の同族株主等に割り当てる場合には，恣意的に低い価格により株式を取得させるという操作が可能となってしまうため，税法上の規定により計算します。

5-8 未上場株式の 評価－株価算定

■ 類似業種比準価額 ■

$$A \times \left\{ \dfrac{\dfrac{Ⓑ}{B} + \dfrac{Ⓒ}{C} + \dfrac{Ⓓ}{D}}{3} \right\} \times L$$

A ＝類似業種の株価
Ⓑ＝評価会社の１株当たりの配当金額
Ⓒ＝評価会社の１株当たりの年利益金額
Ⓓ＝評価会社の直前期末における１株当たりの純資産価額
B ＝課税時期の属する年の類似業種の１株当たりの配当金額
C ＝課税時期の属する年の類似業種の１株当たりの年利益金額
D ＝課税時期の属する年の類似業種の１株当たりの純資産価額
Lの割合　大会社：0.7　中会社：0.6　小会社：0.5

■ 純資産価額（時価純資産価額）■

$$\dfrac{A - (A - B) \times 37\%}{\text{発行済株式数}}$$

A ＝相続税評価額による純資産価額
B ＝帳簿価額による純資産価額

■ 配当還元価額 ■

$$\dfrac{\text{１株当たり年配当金額}^{※}}{10\%} \times \dfrac{\text{１株当たり資本金等の額}}{50 \text{円}}$$

※年配当金額が 2.5 円未満のものおよび無配当のものにあたっては 2.5 円とする

■ DCF 法 ■

$$\text{計算式}\quad V = \sum_{1}^{n} \dfrac{Pn}{(1+i)^{n}} + \text{残存価値}$$

V ： 企業価値
n ： 経過年数
Pn： n 年後のキャッシュ・フロー
i ： 資本還元率

第5章
IPOでは税金のこともお忘れなく | 123

　未上場株式の評価についてはさまざまの方法がありますが，ここでは代表的な株価算定方法を4つ紹介します。類似業種比準価額，純資産価額，配当還元価額は，相続税の財産評価基本通達に定めた評価です。

▌類似業種比準価額

　類似業種比準価額は，会社の規模を判定するのに重要な「配当」「利益」「純資産」の3つの要素を比較して評価するものです。評価する会社と事業内容が類似する業種を選定し，その3要素ごとに比準割合を計算し，その割合の平均を類似業種の株価に乗じたものをその評価会社の株価とするものです。

▌純資産価額（時価純資産価額）

　純資産価額とは資産の金額から負債の金額を控除した「資本の金額」に，「時価評価することによって生じた含み益のうち法人税相当額37%を控除した63%部分を加算したもの」を「純資産価額」とし，発行済株式数で割ったものです。具体的な計算方法は左図のとおりです。

▌配当還元価額

　配当還元価額とは配当を資本に還元したものであり，1株当たりの配当金額を資本還元率10%で割り返して算定します。

▌DCF法（Discounted Cash Flow Method）

　DCF法は企業が将来獲得すると考えられるキャッシュ・フローにより評価を行うものです。DCF法は実務上，利益計画や資本還元率などの数値を変えることにより，価格がかなり広い範囲で変動します。類似業種比準価額・純資産価額が低額またはゼロ評価となってしまうベンチャー企業においては，予想利益によって算定するDCF法は，第三者を引受先とする増資時の株式評価の際によく使われています。

5-9 その他の税金で気をつけること

■ 株式等の配当・譲渡所得等に係る税率 ■

上場株式・非上場株式とも	（売却価額－取得価額）×株式数× 20%※
	※所得税 15％＋住民税 5％（復興特別所得税を除く）

■ 損益通算の取扱い ■

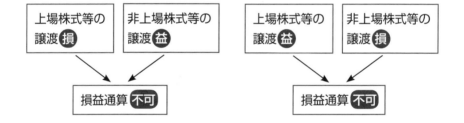

第5章
IPOでは税金のこともお忘れなく | 125

今まで説明したもの以外で，IPOを目指す会社・オーナーが留意すべき税金に関するポイントを2点解説します。

▋配当・譲渡所得等に係る税制

上場株式等の配当・譲渡所得等に係る税率は以前は10%であり，IPOにより軽減税率の適用を受けることができました。ただし税制改正により，現在の上場株式の課税税率は非上場株式と同様に20%です。

また，上場株式等の譲渡所得等と非上場株式の譲渡所得等は別々の分離課税制度です。したがって株式譲渡損が生じた場合でも，両者間の損益通算は認められませんので，ご留意ください。

▋重加算税

税務調査の際に耳にしたことがあるかもしれませんが，重加算税とは，過少申告加算税・無申告加算税等が課させる場合において，隠蔽や仮装があると認められるときに課される税金です。過少申告加算や不納付申告加算においては増加本税の35%，無申告加算においては増加本税の40%が課されます。

税率としてもかなり厳しいものですが，IPOを目指す会社にとってはさらに重要な問題となる可能性があります。

過去3年程度の間に重加算税を課されている場合は，上場審査の際その内容を確認され，重加算となった原因によっては上場が延期となる可能性があります。

いうまでもないことですが，適切な税務申告を行うことが肝要です。

一口メモ

　会社が事業活動を行うかぎり，会社は定期的に毎期の業績に応じた税金を支払います。例えば，利益などに基づき法人税・事業税が課税され，売上などに基づき消費税が課税されます。

　ただし，この章で述べたように，IPOにおいては資本政策の実行などにより，会社が毎期納付する法人税・消費税以外にも，場合によってはオーナー一族が所得税・贈与税等を支払うことがあります。

　そして，資本政策上，税金の面から一番のポイントとなるのは，株式の評価です。課税のリスクを考えると，会計事務所などに株価算定書の作成を依頼することが安全です。株価算定書の作成料は，算定書の内容により異なりますので，会計事務所などにご相談ください。

　また，「IPOをした知人の社長から聞いた話だと，資本政策上の節税はこうやるべきだ。」「インターネット情報によると，資本政策上こんな節税ができる。」といった不確かな情報をもとに資本政策上の節税対策をしてしまうケースが増えてきています。中には，租税回避行為として脱税と判断されるものもあります。事業活動を行う会社においては，税金を納めることが当たり前と考え，節税は適法な方法のみを取り入れるのが肝要です。

　とはいえ，適法な節税は要件が厳しいものです。実行にあたっては，専門知識と経験を有する会計士・税理士などに相談することをお薦めします。

第6章

IPOで求められる
組織や社内体制とは

～経営管理体制～

6-1 コーポレート・ガバナンス体制の構築

■ コーポレート・ガバナンス体制（例）■

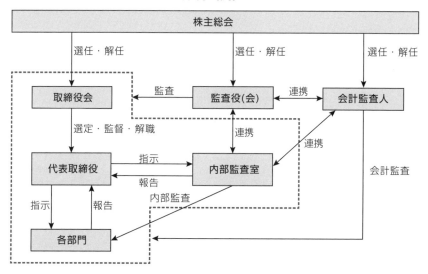

■ 組織的な経営とは ■

　経営上の業務執行の監視の仕組みを作り，各部門の権限と責任を明示し，また，それぞれの役職に応じた権限と責任を定めて，組織的な意思決定と事業運営をすることです

▌コーポレート・ガバナンスとは

　コーポレート・ガバナンスとは，効率的かつ効果的で健全な企業運営を行ううえでの経営管理の仕組みです。

　会社が成長し永続していくためには，売上・利益を計上し続ける一方，社長などへの権限一極集中から脱却し，経営管理を組織として運営していく必要があります。

　経営管理体制の整備にあたっては事業活動における透明性および客観性を確保すべく業務執行に対する監視体制の整備を進め，適時適切な情報公開を行っていく必要があります。

▌コーポレート・ガバナンスの機能

　経営上の業務執行の監視の仕組み，内部統制の仕組みを整備及び運用することで，コーポレート・ガバナンスは機能します。

　左図の例にありますように，代表取締役などが業務執行をしますが，代表取締役は，業務執行の状況を取締役会に報告しなければなりません。また，内部監査室による内部監査，会計監査人による会計監査，監査役（会）による監査により，経営者が構築した内部統制が有効に機能しているかどうかがチェックされます。

▌内部統制の仕組みの前提

　内部監査や監査役（会）による監査の１つの目的として，会社の業務や取締役の業務執行が法令や規程に則って運用されているかどうかをチェックすることがあげられます。

　したがって，職務分掌や各種規程類の整備は，監査が実施できる前提であり，組織的な経営の前提として必要なものになります。

6-2 規程の整備

■ 組織的な経営のために必要不可欠な規程 ■

規程がないと,
①担当者の責任と権限の範囲が不明確
②業務の水準や進め方が担当者の能力に依存
③担当者の変更の際に引継ぎがスムーズに行われない

規程を整備することにより組織的な業務運営が可能となる

■ 規程の体系（例）■

基本規程
定款　取締役会規程　監査役会規程　株式取扱規程　規程管理規程

組織規程
組織規程　職務分掌規程　職務権限規程　稟議規程

業務規程
経理規程　販売管理規程　与信管理規程　購買管理規程　生産管理規程 棚卸資産管理規程　固定資産管理規程　原価計算規程　予算管理規程 関係会社管理規程　内部監査規程

労務規程
就業規則　給与規程　退職金規程　退職年金規程 人事考課規程　安全衛生管理規程　旅費規程

総務規程
印章管理規程　文書管理規程　車両管理規程

コンプライアンス関連規程
コンプライアンス規程, リスク管理規程, 個人情報保護規程, 公益通報者保護規程

諸規程間の整合性が必要

規程の整備の必要性

　規程は，会社の業務を組織的に運営するために必要なルールを明文化したものです。

規程の体系

　規程は会社の業種，規模，組織などに対応し，実態に即した内容・体系にしなければなりません。

　規程の体系には，基本規程，組織規程，業務規程，労務規程，総務規程，コンプライアンス関連規程があります。

規程作成のポイント

◉法規の遵守

　規程には各種法規によって制約を受けるものがあります。例えば，定款は会社法など，就業規則は労働基準法など，経理規程は金融商品取引法などの制約を受けます。

　そのため，該当する規制法規を遵守するよう注意するとともに法規の改正があった場合にはタイムリーに規程を改訂する必要があります。

◉諸規程間の整合性

　相互に関連性を有する規程，例えば，職務分掌規程，職務権限規程と稟議規程は，内容に整合性があり矛盾がないように定める必要があります。

◉運用の重要性

　規程は他社事例を単に模倣するのではなく，会社の実態に即した内容に作成すべきです。また規程は作成して終わりではなく，実際に社内で適切に運用していくことが重要です。

6-3 会社組織の整備

■ 会社組織の4つの整備ポイント ■
- 内部牽制機能の充実
- 適切な人材・人員配置
- 組織的な内部監査の実施
- 意思決定機関の整備

■ 会社組織図(例) ■

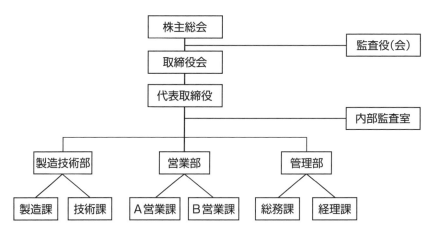

▍会社組織のあり方

会社組織の整備ポイントは以下のとおりです。

◉内部牽制機能の充実

内部牽制とは，各種業務を機能別に分担し，これら業務の相互牽制によって不正・誤謬を事前に防止または発見する仕組みです。

この仕組みが十分機能するためには，各部署および担当者の権限と責任を明確にしたうえで，他の部署または担当者による牽制を効かせる仕組みが必要となります。

◉適切な人材・人員配置

各機能を分担して遂行できる部や課が存在し，かつ，業務を遂行できる人員が確保されている必要があります。

また，内部牽制上，同一人による好ましくない兼任は避ける必要があります。例えば，資金担当と記帳担当の兼任です。

さらに，経営管理上の主要なポジションは他社からの出向者やアウトソーシングによらず，社内の人材であることが望まれます。

◉組織的な内部監査の実施

内部牽制が機能していることなどを会社内で確認するために内部監査を実施する必要があります。具体的な内容は，6－8 で後述します。

◉意思決定機関の整備

株主総会や取締役会といった意思決定機関による意思決定のプロセスが有効に機能する必要があります。具体的な内容は，6－4で後述します。

6-4 意思決定機関の整備（１）

■ 機関設計（例）■

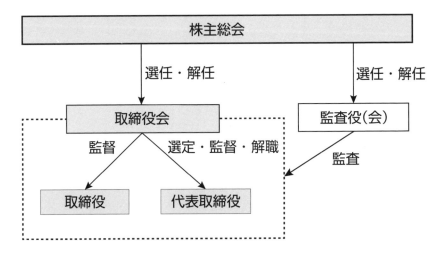

第6章
IPOで求められる組織や社内体制とは | 135

▌機関設計

◉株主総会

　株主総会は会社の最高意思決定機関であることから，会社法の手続きに従った株主総会を開催する必要があります。

　具体的には，以下が必要です。

①定時株主総会は法令に従い年に1回，臨時株主総会は必要に応じて開催します。

②法令および定款の規定に従い株主総会の招集手続きを行います。

③定時株主総会の招集通知には事業報告，計算書類等を添付します。

④株主総会議事録を作成し，原本を本店に10年間（謄本を支店に5年間）備え置く必要があります。

　なお，未上場会社においては，会社法の手続きに従った株主総会を開催していないケースが見受けられますが，IPOを目指すうえでは会社法の手続きに従った開催が必要です。

◉取締役会

　取締役会は，取締役の職務の執行を監督し，重要な財産の処分や譲受けその他の重要な業務執行についての意思決定を行う機関です。

　具体的には，以下が必要です。

①取締役会は，法令，定款および取締役会規程に従い開催します。最低3ヵ月に1回の取締役会の開催が会社法上要求されています。しかし，IPOを目指すうえでは，月次決算の内容を毎月検討し，検討結果を翌月からの事業運営に役立てるために，毎月の開催が必要になります。

②各取締役からの業務報告の場という一方向ではなく，合議での意思決定の場である必要があります。

③取締役会議事録を作成し，本店に10年間備え置く必要があります。

6-5 意思決定機関の整備（2）

■ IPO するうえでの機関整備のポイント ■

株主総会	• 法令，定款に従って開催する • 招集手続きについて，法令，定款を遵守する • 株主総会議事録を本店に10年，支店に謄本を5年備え置く

取締役会	• 取締役会を毎月開催する • 招集手続きについて，法令，定款，取締役会規程を遵守する • 取締役会議事録を本店に10年備え置く

取締役[3]	• 名目取締役[1]はいない • 同族関係者が取締役の過半数を占めない • 常勤取締役は原則として専任である

監査役（会）[3]	• 名目監査役[2]はいない • 取締役の同族関係者ではない • 常勤監査役が必要である

[1] 名目取締役とは，取締役であるものの，単に名義を貸しているだけで取締役としての職務を果たしていない者。

[2] 名目監査役とは，監査役であるものの，単に名義を貸しているだけで監査役としての職務を果たしていない者。

[3] 独立役員を上場日までに1名以上確保することが求められる。独立役員とは，一般株主と利益相反が生じるおそれのない社外取締役または社外監査役をいう。
なお，本則上場の場合には，独立社外取締役を少なくとも2名以上選任する必要がある。

▌取締役

　取締役は，株主総会の普通決議で選任されます。取締役会は3人以上の取締役で構成されます。取締役の任期は選任後2年ですが，定款・選任決議で短縮することもできます。

　取締役は善管注意義務および忠実義務を負います。当該義務違反を防止するため①競業取引（取締役が自己または第三者のために会社の事業の部類に属する取引）②利益相反取引（取締役が自己または第三者のために行う会社との取引）を行うときには，取締役会で承認が必要となります。取締役は，会社に対し，その任務を怠ったことにより生じた損害を賠償する責任を負います。

　IPOをするうえでの取締役に関する留意事項は左図のとおりです。

▌監査役および監査役会

　監査役は株主総会の普通決議で選任されます。独立性を確保するため，兼任も禁止されており，取締役，使用人，子会社の取締役などを兼ねることはできません。任期は選任後4年で，定款・選任決議でも短縮することはできません。取締役と比較して長い任期であるのは，身分保障を行い，監査の実効性を高めるためです。

　監査役または監査役会の監査は，業務監査と会計監査から構成されます。業務監査を適切に遂行するために，経営上の重要事項の意思決定を行う取締役会に出席し，意思決定の妥当性を監査しなければなりません。必要に応じて，子会社に対しても業務報告を求めることができます。会計監査は計算書類を調査し，その結果を株主総会に報告します。なお，会計監査人がいる場合には監査結果の報告を受け取り，相当性を判断します。

　IPOをするうえでの監査役（会）に関する留意事項は左図のとおりです。

6-6 意思決定機関の整備（3）

■ 監査等委員会設置会社 ■

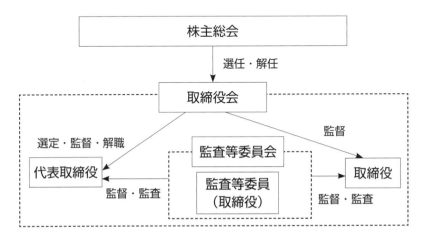

■ 指名委員会等設置会社 ■

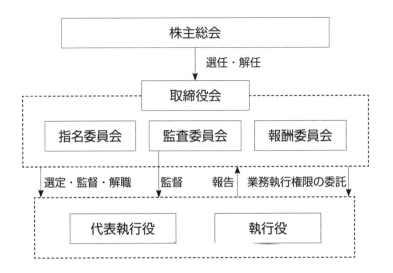

監査等委員会設置会社

　監査等委員会設置会社は，平成26年度会社法改正の中で，「監査役会設置会社」，「指名委員会等設置会社（従来の委員会設置会社）」に続く新たな企業統治の枠組みとして用意された制度です。従来の監査役（会）との大きな違いは，監査役（会）は，取締役会から独立した機関である監査役（会）が独任制に基づく監査を実施するのに対して，監査等委員会設置会社では，取締役会の中に監査等委員会を設け，（業務を執行しない）取締役（監査等委員）が組織的に監査を実施することに大きな違いがあります。

　監査等委員会は，取締役である監査等委員3人以上で組織され，その過半数は，社外取締役である必要があります。当該取締役は，株主総会の普通決議により選任（他の取締役とは区別して選任）され，任期は選任後2年で，定款・選任決議でも短縮することはできません（身分保障のため）。また，監査役および監査役会設置会社の監査役と同様，独立性を確保するため，兼任は禁止されています。なお，監査等委員会における監査権限については，前述のとおり，独任制による監査を行うか，組織として監査等委員が監査を行うか，という違いはあるものの，基本的には，監査役および監査役会設置会社における監査役等とおおむね同様の権限を有しております。なお，監査等委員会設置会社を選択する場合には，会計監査人を設置する必要があることに留意が必要です。

◉指名委員会等設置会社

　指名委員会等設置会社は，取締役会の中に指名委員会，監査委員会，報酬委員会をおく株式会社です。

　指名委員会等設置会社の大きな特徴は，取締役会の中に，指名委員会，監査委員会，報酬委員会を設置し，各委員会の取締役が経営の監督を行いますが，業務執行については，取締役会で選任された執行役が取締役会からの権限委託により行うことに大きな特徴があります。

6-7 稟議等決裁制度

■ 稟議書の一般的なひな型 ■

稟議書

起 案 者		稟議番号	
所属部署		起 案 日	
件　　名		決裁期限	

起案内容	
理　　由	
目　　的	
効　　果	
金　　額	
支払条件	
予算内外	
実施時期	
添付資料	

＜決裁結果＞

承認	保留	否認
日付と㊞		

起案者印	所属長印
㊞	㊞

決裁コメント

第6章
IPOで求められる組織や社内体制とは

▌稟議等決裁制度

　稟議等決裁制度は，個別案件の意思決定にあたり，職務権限の行使をコントロールする手段です。

　稟議等決裁制度は，組織的な経営を行う観点から，職務権限規程などを整備したうえで，会社諸規程と整合した制度にすることが肝要です。

　稟議等決裁制度の運用上のポイントは次のとおりです。

▶適切な権限の委譲が行われ，職務分掌が明確になっていることが必要です。職務分掌が明確でない場合には，作成権限が誰にあるのか，また回付先の部署がどこであるかなどが決定できず，稟議制度の正常な機能が果たせないことになります。

▶事前稟議であることが必要です。事後稟議では組織的意思決定の役割を果たせず，また職務権限に反する業務が行われる可能性を防げません。

▶稟議書の記載事項としては，起案者，所属部署，件名，稟議番号，起案日，決裁期限，起案内容（理由，目的，効果，金額等）などが必要となります。

▶稟議書の管理部門を定め，記載事項などの漏れをチェックするとともに稟議決裁の進捗状況を管理することが必要です。

▶稟議書は決裁後，起案部署に写しを返却し，原本を管理部門で保存しなければなりません。

　なお，最近では，電子稟議システムで運用されているケースもあります。

6-8 内部監査制度

■ 内部監査 ■

内部監査，監査役監査，会計監査人監査は，三様監査と呼ばれます。それぞれの特徴，相違点をまとめます。

	内部監査	監査役監査	会計監査人監査
目的	・社内および関係会社の業務の法令，経営方針，規程に対する準拠性確認，有効性・効率性の確認・検討 ・不正調査，防止策の検討	・取締役の職務執行の適法性の監査 ・会計監査（会計監査人がいる場合は報告を受ける）	・会計監査 ・内部統制監査
実施者	内部監査部門（監査対象となる部門から独立した会社内部の従業員）	監査役・監査役会	公認会計士
対象	社内および関係会社の業務プロセス	・取締役の職務執行 ・財務諸表	・財務諸表 ・内部統制報告書
選任	会社の人事	株主総会	株主総会
位置づけ	部署または担当者（従業員）	会社の機関（会社の役員）	会社の機関（独立した第三者）
法律	なし	会社法	・会社法 ・金融商品取引法
IPO	必要	必要	必要

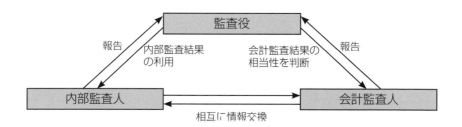

第6章
IPOで求められる組織や社内体制とは | 143

　内部監査制度は，会社の業務が各種法令，経営方針や社内規程などに従い効果的・効率的に行われているかを検証する制度です。

　上場審査上は，内部監査の確立と通常1年程度の運用実績が求められます。

▎内部監査の実施体制

　内部監査の実施部門は，監査が目的であることから，各部門からの独立性が求められます。そのため社長直属の専門部署として設置されていることが一般的です。

　ただし，小規模な会社などでは，規模，組織，業態に即した内部監査体制を確立し有効に運営している場合もあります。例えば，管理部門の中に内部監査担当者をおき，その者が管理部門以外の部門の監査を実施し，管理部門の内部監査は他部門の担当者が実施するケースなどです。

　なお，内部監査担当者は，業務知識，監査手続の理解，適切な判断力などの監査に必要な能力を有していることが求められます。

▎内部監査の対象

　内部監査は社内の全部門およびすべての関係会社（実質的に支配が及ばない会社を除く）を対象として実施します。

　原則として毎年，社内の全部門およびすべての関係会社の監査を行いますが，多数の部門や海外拠点などがある場合には複数年で計画的なローテーションを組んで実施する場合もあります。

▎内部監査の実施手続

　内部監査計画を作成し，品質を一定水準以上に保つべく内部監査手続書や内部監査チェックリストを作成しこれに基づき内部監査を実施します。内部監査実施報告書とともに指摘事項に対する改善結果報告をまとめ，社長へ報告を行います。

6-9 監査役監査

■ 上場までに求められる監査役監査体制 ■

直前期・・・複数（うち1名は常勤監査役）の監査役による監査
　　　　　　体制の整備

申請期・・・上場申請までに監査役会または監査等委員会の設置
　　　　　　が必要（監査役会などの設置後，一定の運用期間を
　　　　　　設けた上での申請）

■ 審査で確認される主な項目 ■

- 監査役就任の経緯と就任前の主な経歴
- 監査計画の立案並びに監査の実施状況
- 監査上の重点項目
- 監査役間の役割分担
- 取締役会，監査役会への出席状況
- 代表取締役やその他の取締役とのコミュニケーションの状況
- 監査法人や内部監査部門とのコミュニケーションの状況
- 監査役から見た社内のガバナンス体制，リスク管理体制等の評価
- 監査における環境整備や情報収集の手段
- 監査調書の作成状況

第6章
IPOで求められる組織や社内体制とは | 145

株式上場時の監査役監査の役割

　上場に際して，会社のガバナンスが有効に機能しているかを評価するときに，監査役監査が健全に運用されているかも重要なポイントになります。主幹事証券会社や証券取引所の審査でも必ず監査役との面談が実施されます。監査役との面談では，監査役としての適格性や監査役監査の実施状況が確認されます。

　監査役としての適格性とは，監査役自身が本来監査役の果たすべき機能を十分に理解し，それを実践しているかということです。また，監査役には，取締役会や代表取締役に対する監視機能が期待されています。

　いざというときに取締役会や代表取締役に対して，きちんと意見を言えることが大切です。

審査で確認される主な項目

　主幹事証券会社や証券取引所の審査では，主に左ページの項目が面談で確認されます。

　一般的に審査段階では，監査役会設置会社等の複数監査役での監査体制が構築されていると思います。常勤監査役が監査体制をリードしながら，監査計画や監査役間での役割分担などを明確にしながらも，各監査役がそれぞれの役割を果たしていることが審査では確認されます。

　また，監査法人並びに内部監査部門との連携がどのように実施されたかも確認されます。そのため，審査対象である直前々期以降の期間では，監査法人や内部監査部門と三様監査などコミュニケーションを密にするとともに，その結果を議事録等で残しておくことも大切です。

上場後も見据えての体制整備

　上場後は，社内で起きた問題もその内容や重要性によっては，外部への公表が必要になってきます。そうした問題への対応に際しては監査役の役割も重要になりますので，上場後も監査役はガバナンスの一翼を担うことを見据えて業務にあたることが肝要です。

6-10 上場後の内部統制報告制度 全社的な内部統制

■ 内部統制の定義 ■

内部統制	4つの目的が達成されているとの合理的な保証を得るために，業務に組み込まれ，組織内の全ての者によって遂行されるプロセスをいう。 内部統制は，6つの基本的要素から構成される。

■ 内部統制の4つの目的 ■

目的	説明
業務の有効性及び効率性	事業活動に関わる業務の有効性および効率性を高めること
財務報告の信頼性	財務諸表の信頼性を確保すること
法令等の遵守	事業活動に関わる法令その他の規範の遵守を促進すること
資産の保全	資産の取得，使用，処分が正当な手続で行われるよう，資産の保全を図ること

内部統制報告制度：毎年，財務報告の信頼性を確保するために必要な内部統制について評価した報告書を提出する必要がある

■ 内部統制の6つの基本的要素 ■

基本的要素	説明
統制環境	組織の気風を決定し，統制に対する役員や従業員の意識に影響を与えるもの
リスクの評価と対応	リスクを識別して分析評価するプロセスとリスクへの適切な対応を選択するプロセス
統制活動	経営者の指示が実行されることを確保するために定められた方針及び手続
情報と伝達	必要な情報が識別，把握，処理され正しく伝えられることを確保するもの
モニタリング	内部統制が有効に機能していることを継続的に評価するプロセス
ITへの対応	業務の実施においてITに対して適切に対応すること

■ 上場準備と内部統制報告制度 ■

上場する年度の有価証券報告書に内部統制報告書を添付する

上場前から準備しないと，内部統制報告書が作成できない 上場準備時点から，内部統制の整備運用を始める必要がある

業務処理統制に関しては，7-8を参照

第6章
IPOで求められる組織や社内体制とは | 147

▌内部統制報告制度

上場すると，経営者は，内部統制報告書を提出しなければなりません。

内部統制報告制度では，財務計算に関する書類その他の情報の適正性を確保するために必要な体制（内部統制）について評価した報告書（内部統制報告書）を有価証券報告書とあわせて内閣総理大臣に提出します。

左図にある内部統制の4つの目的のうち，財務報告の信頼性が内部統制報告制度の対象となります。

財務報告に係る内部統制の評価にあたっては，まず，42項目の全社的な内部統制を整備します。

▌42項目の全社的な内部統制

全社的な内部統制とは，財務報告全体に重要な影響を及ぼす内部統制のことです。

全社的な内部統制では，内部統制の基本的要素がすべて適切に整備及び運用されていることが重要です。

「財務報告に係る内部統制の評価及び監査に関する実施基準」では全社的な内部統制の評価項目の例として42項目があげられそれぞれについて評価することとされています。

42項目の一部を紹介すると以下のとおりです。

▶ 適切な経営理念や倫理規程に基づき，社内の制度が設計・運用され，原則を逸脱した行動が発見された場合には，適切に是正が行われているようになっているか。

▶ 不正に関するリスクを検討する際に，不正を犯させるに至る動機，原因，背景などを踏まえ，適切にリスクを評価し，対応しているか。

▶ 経営者は，職務分掌を明確化し，権限や職責を担当者に適切に分担させているか。

一口メモ

上場直後に問題が発覚するケースがあります。
上場までに内部管理体制を十分なものにする必要があります。

●役員による不正

上場直後に不正に関する社内調査が始まり，上場時の財務諸表を訂正した事例がありました。

不正の内容は，経理担当役員による支払業務を利用した不正送金行為です。

管理体制に不備があったため，管理部門におけるダブルチェック体制及び人員の強化，発生データと支払データの照合，相手先別債務残高の管理，経理財務に係る人員強化による職務分掌の充実などが必要でした。

●従業員による不正

上場して数ヵ月後に海外子会社で従業員の不正が発覚した事例がありました。

不正の内容は，コーポレートカードの私的利用や実態のない取引に係る支払行為です。

管理体制に不備があったため，カード管理体制の強化，支払先の定期的なモニタリング，子会社の経費面について深度ある監視機能を担う部署の新設，内部監査部門の人員増強などが必要でした。

●会計処理の修正

上場して最初の株主総会を決算日後3ヵ月以内に開催できなかった事例がありました。

株主総会の開催が遅れた原因は，決算作業中に売上の早期計上が判明し，決算確定に時間がかかったためです。

管理体制に不備があったため，経理部門における売上計上手続の見直し，営業部門における証憑取得手続の見直しが必要でした。

第7章

業務の流れを見直そう

～業務管理体制～

7-1 販売管理のポイント(1)

■ 販売管理のポイント ■

受注業務	・受注に関する証憑を保管する ・受注内容を事前に承認する ・納期および受注残高を把握する

販売業務	・販売が確定していることを確認する ・適切な売上計上基準を選択したうえで，適切な売上計上をする

回収業務	・請求書発行は営業担当者自身が行わない ・入金差異を放置しない ・未入金や遅延の相手先を把握し回収策を講じる

与信業務	・新規顧客については与信限度額の設定を行う ・既存顧客については定期的に与信限度額を見直す

受注業務

お客さんから商品が届いていないといわれたけれど，そんな注文を受けたかな。

販売業務

売上計上を確認する資料がないけど大丈夫かな。

第7章
業務の流れを見直そう 151

　販売管理は受注，販売，回収，与信の4つの段階に分けることができます。各々の業務の重要な整備ポイントについて説明します。

▌受注業務
◉受注内容の確定
　得意先の要請に応じた漏れのない納品や役務提供を行うためには，注文書などによる受注が必要です。なお，インターネットで注文を受ける場合には，事後的にも注文申込記録が確認できることが必要です。
◉受注内容の事前承認
　受注内容・販売条件が会社所定の基準に適合しているかどうかについて責任者のチェックを受け，その取引の事前承認を行います。
◉納期および受注残高の管理
　承認済みの受注内容を受注管理台帳などに記録し，納期までに出荷手配を行います。また出荷による消込を受注単位ごとに行い，受注残高を把握できる状態にしておきます。

▌販売業務
◉販売が確定していることの確認
　会社の売上は販売に連動します。そのため，販売が確実に実現していることが重要です。具体的には，物品の納品や役務の提供が完了し，その事実を裏づける根拠資料を確実に入手することが重要です。
◉適切な売上計上処理
　会社の取引形態・実態に応じた適切な売上計上基準を選択したうえで売上計上処理を行います。新収益認識基準における売上計上処理は，監査法人などに相談しながら検討することをお勧めします。

7−2 販売管理のポイント(2)

■ 販売管理のポイント ■

受注業務	・受注に関する証憑を保管する ・受注内容を事前に承認する ・納期および受注残高を把握する
販売業務	・販売が確定していることを確認する ・適切な売上計上基準を選択したうえで，適切な売上計上をする
回収業務	・請求書発行は営業担当者自身が行わない ・入金差異を放置しない ・未入金や遅延の相手先を把握し回収策を講じる
与信業務	・新規顧客については与信限度額の設定を行う ・既存顧客については定期的に与信限度額を見直す

回収業務

あのお客さんからの代金回収が遅延しているけれど，経理部から何もいわれないので，このまま販売し続けよう。

与信業務

あのお客さんは調子が悪そうだけれど，このまま販売を続けてよいのだろうか。

第7章
業務の流れを見直そう | 153

▌回収業務
◉請求業務の分離
　営業担当者自身が請求行為を行うと，水増し請求などの不正に対して内部牽制が効かなくなるため，請求書発行は営業部署の事務担当者か経理部が行うべきです。
◉入金確認
　得意先別売掛金残高一覧を作成し，回収条件・回収時期を明確にして入金状況を確認します。差異があれば営業担当者に確認し，原因を把握します。差異原因が明らかになった時点で必要に応じて修正処理を行います。
◉債権管理
　債権の年齢調べ表により，滞留状況が把握され早期の回収策を講じることができる仕組みが必要です。年齢調べ表は，債権がいつ発生したかを，期間ごとに区分して管理する資料です。
　回収可能性に疑義がある場合には，貸倒引当金の設定を検討する必要があります。

▌与信業務
◉新規顧客
　新規顧客については信用調査の結果を基に信用状況に応じた与信限度額の設定を行い，責任者の承認を受けてから取引を開始します。
◉既存顧客
　既存顧客については信用状況に応じた与信限度額の見直しを適時に行い，限度額を超えた場合の取引継続の可否を適切な承認手続を経て決定する必要があります。

※与信限度額とは，顧客に対する債権残高の限度額です。

7-3 購買管理のポイント

■ 購買管理のポイント ■

発注業務	・購買計画を作り，購買活動をコントロールする ・注文書により発注する ・納期および発注残高を把握する
購買業務	・発注書，現品および納品書を照合する ・適切な仕入計上基準を選択したうえで適切な仕入計上をする
支払業務	・請求書の内容を確認する ・支払先ごとに支払条件を文書で決めておく

発注業務

注文したはずだが，実際にはどうだったんだろう。注文書の控えを保管しておけばよかった。

購買業務

今日部品が届いたけど誰が発注したのかな。

支払業務

請求書に購買責任者の押印がされていない。この請求書についてそのまま払ってよいのだろうか。

第7章
業務の流れを見直そう | 155

発注業務

◉ 購買計画の策定

生産，販売，資金計画との関連から購買計画を策定します。

◉ 発注手続き

注文書による発注を行います。なお，電話・口頭による発注の場合でも発注メモを作成し，後日注文書を発行します。インターネットで発注する場合には，注文記録が残るようにする必要があります。

◉ 納期および発注残高の管理

発注リストなどを作成し，何をいつ発注したかを管理するとともに，納品による消し込みを行い，納期を超えて未納品の物品がないか管理します。

購買業務

◉ 納入品の発注内容との照合

納品に際しては，現品に納品書が添付されており，現品と納品書を照合し，さらに発注書との発注内容の確認も行います。

◉ 適切な仕入計上処理

検収後，会社の取引形態に応じた仕入計上基準に基づき，仕入計上処理を行います。また，発注リストは仕入計上漏れを防ぐのに有効です。

支払業務

◉ 請求書の内容確認

仕入先から届いた請求書については購買担当部署で内容を確認し，責任者が承認した後，経理部が仕入先元帳と請求書を照合します。その後財務部が支払をします。

◉ 支払条件の決定

支払条件を文書で残し，支払トラブルの防止に役立てます。

7-4 在庫管理のポイント

■ 在庫管理のポイント ■

在庫計画	・適正在庫水準を決定する
受払記録	・数量だけでなく，金額も記録する ・現品の流れと入出庫伝票の流れを常に一致させる
滞留管理	・滞留と扱う社内基準を設定する ・滞留在庫について評価損の計上を検討する
実地棚卸	・棚卸実施計画および実地棚卸要領を作成する ・棚卸差異を分析し差異発生防止策を検討する

在庫計画

在庫はどのぐらいの量をもつ必要があるのだろう。

受払記録

在庫が足りないから，近くの営業所からいくつかもってこよう。後日，店舗間移動報告書を提出しよう。

滞留管理

この商品は同じ場所にずっと保管されている。使わなそうだけど，いつまで持ち続けなければいけないのだろう。

実地棚卸

帳簿数量と実際の棚卸数値で差が出ている。どうして差が出るのだろう。

在庫計画

在庫水準は，販売計画，購買計画，資金計画に影響します。そのため，適正在庫水準の維持が経営安定化のために重要です。

適正在庫水準を決定するに際しては，過去の販売や在庫の実績値の趨勢，資金の効率性などを勘案します。

受払記録

在庫の受払記録は財産保全目的の観点から「数量」を，財務会計目的の観点からはさらに「金額」も考慮したものとする必要があります。

受払記録が正確，迅速であるためには購買販売に応じた現品の流れと入出庫伝票の流れが常に一致している必要があります。なお，営業所・店舗間の移動処理のようなイレギュラーな取引は記録が漏れるミスが生じやすく注意が必要です。

滞留管理

受払記録を基に在庫の滞留状況が把握できる仕組みが必要です。その際，滞留品の社内基準を設け，廃棄処分のルール化を行うこと，また，評価損を計上するルールを設定して在庫価値の下落を認識する処理が必要となります。

実地棚卸

実地棚卸は在庫の実数を確定する意味でも，在庫の受払記録が正しいことを検証する意味でも重要な業務です。実地棚卸を計画的に実施するためには棚卸実施計画および実地棚卸要領の作成が必要です。

帳簿数量と実地棚卸数量に差異がある場合には，原因分析を行い帳簿残高の修正や差異発生の防止策を講ずることになります。

7-5 資金管理のポイント

■ 資金管理のポイント ■

資金調達管理	・多額な資金調達は取締役会の承認が必要である ・デリバティブ取引のルールを明確化する
資金繰り管理	・資金繰り表（計画と実績）を月次で作成する
出納管理	・金銭の横領を防止する観点から担当業務を分離する

資金調達管理

金融機関からデリバティブ商品を勧められた。うちの会社にメリットがありそうだけど怖いな。

資金繰り管理

どうして利益が出ているのに，毎月，お金が足りなくなるのだろう。

出納管理

お金の出し入れも帳簿をつけるのも自分だから，誰にも気づかれずに自分の個人口座にお金を入れられるかもしれない。

第7章
業務の流れを見直そう 159

　資金が不足しがちな成長企業にとっては，資金管理は重要な問題です。新規事業の立ち上げ時や設備導入時には多額の資金が必要となりますし，借入金は予定どおり返済しなければなりません。運転資金も常に確保する必要があります。

　そのためには資金繰り表を作成し，計画と実績を比較したうえで，常に資金ショートが起きない体制，また経営者が把握していない支出（デリバティブや現金の横領，不正支出など）が起きない体制を構築することが必要です。

▌資金調達管理

　多額な資金調達を行う場合には，資金調達目的などを明確にし，取締役会で決議したうえで実行します。デリバティブ取引を行う場合は，デリバティブ管理規程を定めて，基本方針，実行時の決裁権限，実行後の報告体制を明確化する必要があります。

▌資金繰り管理

　資金繰り表（計画と実績）を月次で作成し，次の点を検討します。
　①資金繰り計画と利益計画との整合性
　②資金繰り計画と実績の差異原因分析
　③資金残高の適切性

▌出納管理

　出納管理は主に金銭の横領を防止する観点から，以下のような担当業務の分離が必要です。
　①金銭出納者と帳簿記入者の分離
　②請求書の発行者と入金担当者の分離
　③請求書の受領者と支払担当者の分離

7-6 固定資産管理のポイント

■ 固定資産管理のポイント ■

固定資産の取得	・多額で長期に使用されるため慎重な検討が必要である ・必要に応じて，登記手続きや保険付保など資産保全手続きをする
固定資産の処分	・責任者の承認をとる必要がある
現物管理	・固定資産台帳を作成して現物と照合する

固定資産の取得

パソコンを購入したいけれど，社内手続きは何が必要だろう。

固定資産の処分

このパソコンは使われていないようだから，自分で使うために家に持ち帰ろう。

現物管理

15万円のパソコンが固定資産台帳に載っていない。固定資産台帳が間違っているのだろうか。

▌固定資産の取得

　固定資産の取得にあたっては，固定資産管理規程に従った手続きにより，所定の責任者の承認を受けます。承認にあたっては，①資産の用途・必要性の確認，②見積書入手，相見積りの実施，③購入条件（購入金額・支払条件など）の検討，④設備予算額との整合性確認などを検討します。

　購入資産の受入れにあたっては，担当部署は適時に品質，性能等の検査，試運転など必要な手続きを行います。

　なお，不動産取得の場合には所有権の移転登記を行う必要があります。

▌固定資産の処分

　固定資産の処分（売却，廃棄）にあたっては，固定資産管理規程に従った手続により，所定の責任者の承認を受けます。流用などの不正防止の観点も踏まえ，現物管理担当者の独断による処分は許されません。　処分にあたっては，今後の使用可能性，売却見込額，撤去除却費用を考慮します。

▌現物管理

　個々の固定資産に管理番号を付し，固定資産台帳を作成します。

　取得または処分をした場合には，固定資産台帳を管理している部署へ適時に報告します。そして，定期的に実査による現物チェックを行う必要があります。その際，現物の実在性を確認するだけでなく，稼働状況や補修，廃棄の必要性も検討します。

　なお，「××設備一式」という固定資産台帳への記載は現物チェックが行いにくくなるため避けるべきです。

7-7 人事労務管理のポイント

■ 人事労務管理のポイント ■

法令の遵守	・労務規程の整備をする ・社会保険・労働保険の加入漏れがないようにする ・労働時間の管理を実施する ・時間外労働の取扱いを整備する
従業員の定着率	・定着率が悪い場合は，原因分析をして定着率向上に向けた対策を行う必要がある
出向者の取扱い	・多数の出向者がいる場合は転籍などによる出向関係の解消を検討する

法令の遵守

残業代をきちんと払っていないけれど，問題にならなければよいのだが。

従業員の定着率

なかなか採用した人が残ってくれない。何が原因だろう。

出向者の取扱い

研究開発チームのトップは出向者だが，トップがいなくなったら研究開発は続けられるのだろうか。

▌法令の遵守

◉ 労務規程の整備

　常時10人以上の労働者を使用する事業所では，就業規則を作成する必要があります。就業規則は労働基準監督署に提出します。

◉ 労働保険・社会保険の加入

　一定の要件を満たす従業員（パート・アルバイト含む）は，社会保険・労働保険に加入する義務があります。加入対象者に未加入期間がある場合には法令違反となり，上場審査上も問題となります。

◉ 労働時間の管理

　残業代の未払いや法定労働時間を超えた労働などの法令違反を防止するための労働時間管理が必要になります。

◉ 時間外労働の取扱い

　残業や休日労働をさせる場合には，「時間外労働・休日労働に関する協定」，いわゆる「三六協定」を労働基準監督署に提出し，従業員に割増賃金を支払わなければなりません。なお，労働基準法の改正により，2019年4月より，「三六協定」における時間外労働に関する取扱いに変更が生じている点に留意する必要があります。

▌従業員の定着率

　従業員の定着率が悪い場合は，経営基盤が不安定であるとみなされます。したがって従業員の定着率が悪い場合は，原因を吟味・分析したうえで人事労務制度の見直しを行うなど，定着率向上に向けた対策を行う必要があります。

▌出向者の取扱い

　受入出向者が多数いる場合や重要な部門の責任者となっている場合は安定的な人的基盤が確立されていないと考えられるため，原則として転籍などによる出向関係の解消が求められることになります。

7-8 上場後の内部統制報告制度 業務処理統制

■ 適切な財務情報を作成するための 6 つの要件 ■

実在性	資産や負債が実際に存在し，取引や会計事象が実際に発生していること
網羅性	計上すべき資産や負債，取引や会計事象を全て記録していること
権利と義務	計上されている資産に対する権利及び負債に対する義務が企業に帰属していること
評価の妥当性	資産及び負債を適切な価額で計上していること
期間配分の適切性	取引や会計事象を適切な金額で記録し，収益及び費用を適切な期間に配分していること
表示の妥当性	取引や会計事象を適切に表示していること

■ リスクの例示（販売プロセスの例）■

実在性・網羅性	受注入力の金額を誤る
評価の妥当性	与信限度額を超過した受注を受ける
実在性・権利と義務	出荷依頼より少ない数量を発送する
期間配分の適切性	出荷指図書の日程どおりに商品が出荷されない

全社的な内部統制に関しては，**6-10** を参照

業務プロセスに係る内部統制

　事業目的に大きく関わる勘定科目（売上，売掛金，棚卸資産など）に至る業務プロセスについては，内部統制の有効性の評価を行います。

　例えば，卸売事業と小売事業を営んでいる会社であれば，売上に至る業務プロセスは，卸売販売プロセスと小売販売プロセスとが考えられます。それらについて，内部統制の有効性の評価の根拠資料を作成する必要があります。

リスクと統制（コントロール）の識別

　各プロセスには，リスクがあります。フローチャート，業務記述書およびリスク・コントロール・マトリックス（RCM）を作成することは，業務フローを可視化し，リスクを漏れなく識別するのに有用です。

　統制（コントロール）とは，不正誤謬が発生するリスクを低減するために，経営者が業務プロセスに組み込んだ方針・手続です。

　各リスクと統制（コントロール）の関連を記述したものが，リスク・コントロール・マトリックス（RCM）です。

整備状況の評価

　リスクを識別するにあたっては，実在性，網羅性，権利と義務の帰属，評価の妥当性，期間配分の適切性，表示の妥当性といった適切な財務情報を作成するための要件のうち，どの要件に影響を及ぼすかの観点でリスクを識別します。そして，リスクを低減するための統制を整備したうえで，毎期その整備状況を評価する必要があります。

運用状況の評価

　統制が継続的に実施されているかどうかを毎期評価する必要があります。

7-9 ビジネス文章の デジタル化

■ デジタルトランスフォーメーション（DX）の実現とその効果 ■

デジタルトランスフォーメーション（DX）の実現へ

- 単純作業からの脱却
- 働き方改革
- 新たな価値の創造

コスト削減	・保管コストの削減 ・郵送コストの削減 ・印紙税の削減　※電子契約の場合
効率化	・時間と場所を選ばない ・検索が容易 ・ファイリングなど事務処理負担軽減 ・OCR,RPA など自動化との親和性
意識変化	・コンプライアンス意識の向上 ・業務の見直し・標準化の促進 ・すぐに電子化＝仕事を滞留させない

デジタル化の潮流

　昨今，働き方改革による労働時間の短縮が求められており，かつ恒常的に人材が不足しています。そのような環境下において，今まで以上に，より効果的かつ効率的に業務を遂行することが求められており，その解決のため，会社の業務プロセスや内部統制をデジタル化することが重要とされています。こうしたビジネス全般における効率化を目的としたデジタル化の流れをデジタルトランスフォーメーション（DX）といいます。このことは，上場準備会社においても同様です。

ビジネス文章のデジタル化

　会社の業務プロセスのデジタル化の一環として，昨今，ビジネス文章をデジタル化する流れがあります。ビジネス文章のデジタル化とは，契約書や注文書など，ビジネスに関連する文書を電子データまたは電子化データとして作成し保存すること，およびそのために必要な体制を構築することをいいます。左図の通り，契約書などを電子データ化することで，業務効率化をはじめとして，コスト削減などさまざまなメリットを享受することができます。

　今後は，RPAなどのさらなるIT技術の発達により，デジタルトランスフォーメーション（DX）の実現に向けて，さまざまなITインフラが整備されることが予想されます。

一口メモ

　業務管理が未整備だと上場審査にあたりどのような不都合が生じるかについて，いくつかの事例で説明します。

●売掛金の回収責任者が不明確

　滞留売掛金が多額にある会社があります。売掛金の回収責任者が明確でない場合に，営業員は販売成績を伸ばすことのみに意識が働き，全社的に回収がおろそかになる可能性があります。

　上場審査では，債権の滞留管理は重要なチェックポイントです。毎月，経理部が回収責任者に対して遅延理由と回収予定日をヒアリングして，回収まで管理することが重要です。

●仕入先からのキックバック

　購買管理の整備が不十分な会社では，購買担当者が仕入先と共謀して不当な高値発注を行い，後にキックバックを受領するケースが散見されます。

　このような不正が発覚した場合には，会社は，妥当な価格と不当な価格の差額についてキックバックを受領した担当者に請求することになりますが，購買担当者に支払能力がない場合もあり，会社に損失が発生するケースもあります。

●未払残業代

　未払残業代は上場審査における重要なチェックポイントです。労務規程や労働時間の記録を詳細にチェックされた後，未払残業代があると認定されると，予期しない多額の人件費を計上せざるを得ないことになります。同時に人事労務管理が未整備と判断され，体制が整ったと判断されるまで IPO が延期となってしまいます。

第8章

身内やグループ会社との関係もよく検討

～関連当事者等との取引・関係会社の整備・子会社上場～

8–1 関連当事者等との取引

■ 上場後の会社は、オーナー経営者だけのものではない ■

上場前

株主として支配

オーナー社長が主要株主である

会社の財産は社長のもの

会社にとって必要な取引なのかオーナー個人にとって必要な取引なのかを意識しなくてもあまり問題になりません。

上場後

オーナー経営者の個人商店ではなくなる

会社の財産は株主のもの

多数の一般株主を有する上場会社の場合は、会社資産とオーナー社長の個人資産とを適切に峻別するとともに、取引を行う際でも一般株主を含めた株主の利益に適うものであることが求められます。

上場するためには、会社がオーナー経営者と取引をする場合は合理性があるものでなければなりません。

なぜ関連当事者等との取引を整理する必要があるのか

　会社は，オーナー社長と取引がある場合，取引の合理性があるかどうかを検討する必要があります。

　なぜなら，多数の一般株主を有する上場会社となる以上は，オーナー社長の利益が優先され，会社の利益が不当に損なわれる取引は避けなければならないからです。

　このことは，オーナー社長との取引だけでなく，他の取締役や株主など，会社に影響力がある相手先と取引する場合も同じことがいえます。すなわち，特定の者への利益供与がある場合には，IPOのために取引自体をやめることも検討しなければなりません。

　上場審査上は，こうした関連当事者等との取引についても重点的に審査されます。

関連当事者等との取引に対する対応

　会社と関連当事者等との取引は，ほかの取引と違って，会社が不要な取引を強要されたり取引条件がゆがめられたりする懸念があります。投資家からみて，会社の利益が損なわれるこのような懸念が取り除かれなければ，安心して株式を購入することはできません。

　ただし，上場審査上，画一的に取引を解消することを求めているわけではありません。取引そのものを解消する必要性がある場合とディスクロージャーで対応すべき場合とがあります。

　そのためにまずは，関連当事者等に該当する者を把握する作業が必要になります。

8-2 関連当事者等

■ 関連当事者 ■

関連当事者の範囲は，以下の①～⑪

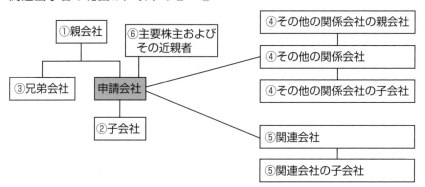

⑦申請会社の役員およびその近親者※1
⑧親会社の役員およびその近親者※1
⑨重要な子会社の役員およびその近親者※1
⑩⑥～⑨に掲げる者が，議決権の過半数を自己の計算において所有している会社およびその子会社
⑪従業員のための企業年金

※1 近親者＝二親等以内の親族

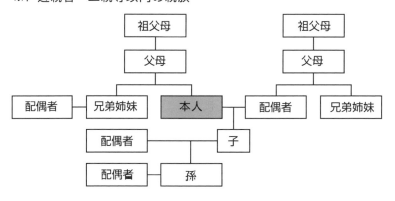

関連当事者等

　関連当事者とは，会社を支配しているか，または，財務上および業務上の意思決定に対して重要な影響力を有している者をいい，具体的には左図のとおりです。

　関連当事者等の等とは関連当事者には含まれないものの，上場申請会社の企業グループと人的，資本的な関連を強く有すると考えられる者をいいます。

◉ 役員

　役員とは，取締役，会計参与，監査役もしくは執行役またはこれらに準ずる者をいいます。準ずる者は，相談役，顧問等，会社内における地位や職務などからみて，実質的に会社の経営に強い影響を及ぼしていると認められる者です。例えば，創業者で役員を退任した者も，実質的に影響力を有している場合は，これにあたります。

◉ 主要株主

　主要株主とは，自己または他人の名義をもって総株主の議決権の10％以上を保有している株主をいいます。

◉ 重要な子会社の役員

　企業グループの事業運営に強い影響力をもつ者が子会社の役員にいる場合に，当該役員をいいます。

主要株主や役員の近親者が，議決権の過半数を所有している会社およびその子会社

　主要株主や役員が所有している，会社およびその子会社の存在を把握することは比較的容易です。しかし，主要株主や役員の近親者が所有している会社およびその子会社は，近親者が申請会社と直接関係ない者であるため容易に把握できず，漏れがないように注意する必要があります。

8-3 取引の解消の必要性

■ 関連当事者等との取引がある場合の対応 ■

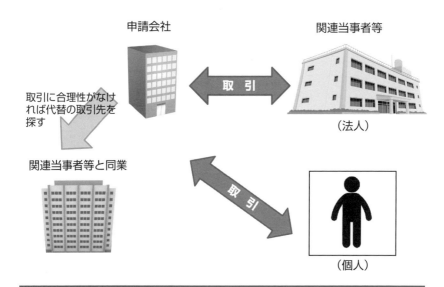

取引を継続する場合には,取引の合理性(事業上の必要性)と取引条件の妥当性が必要です。

取引の合理性(事業上の必要性)と取引条件の妥当性がなければ,取引を解消したり,代替の取引先を探さなければなりません。

関連当事者等との取引の解消は必要か

　取引の合理性（事業上の必要性）と取引条件の妥当性がなければ，解消することが，必要となります。

取引の合理性（事業上の必要性）があるケース

▶上場準備を開始する以前から継続する取引で事業の遂行上必要な取引であって，代替の取引先を探すことが難しいケース

▶ほかに有利な取引条件の取引先がない場合など，当該取引を上場後も継続することが合理的であるケース

取引条件が一般的取引条件と同等である場合

　関連当事者等との取引条件が，一般的取引条件と同等であっても，そもそも取引の合理性（事業上の必要性）がなければ取引を解消することを検討しなければなりません。

取引条件が会社にとって有利な取引条件である場合

　会社にとって有利な取引条件であったとしても，関連当事者等の会社への影響力が著しく高まるような場合には，取引を解消しなければなりません。

　ただし，マザーズなどの新興市場では，支援目的で会社に有利な取引が行われる場合に，取引内容を開示することを前提に，取引の継続が認められる場合もあります。

適切な開示

　関連当事者等との取引が行われている場合には，その重要性に応じて，Ⅰの部や有価証券報告書において，適切に開示する必要があります（8－7参照）。

8-4 取引が行われている場合の上場審査上の判断

■ 取引の合理性（事業上の必要性）と取引条件の妥当性 ■

> 取引の合理性（事業上の必要性）と取引条件の妥当性が必要

> 重要なことは，当該取引が会社の利益を第一に考えた場合において真に正当なものとして合理的に説明できること

例えば，会社が，役員の親族と顧問契約を締結している場合の上場審査上の判断

> ・**取引の合理性（事業上の必要性）について**
> 　審査上は，顧問に期待する役割やその達成状況などを踏まえて，当該契約の合理性を確認します

合理性を確認できない場合は，顧問契約を解除します。

> ・**取引条件の妥当性について**
> 　顧問料の算定方法・算定基準などを確認します

合理的な説明が十分にできない取引は，解消することを検討します。

上場審査上の判断

　東京証券取引所が不適切な事例として想定している以下のようなケースがあれば，上場審査上の判断は慎重なものとなります。

◉ **取引の合理性（事業上の必要性）が認められないケース**

▶会社の事業計画・営業戦略などに合致しない不動産を関連当事者等から賃借しているケース

▶関連当事者等と営業（仕入）取引を行っているものの，当該関連当事者等を取引に介在させる合理性（事業上の必要性）が認められないケース

▶関連当事者等と会社との間で多額の金銭貸借を行っているケース

◉ **取引条件の妥当性が認められないケース**

▶申請会社のビルなどの空きスペースを関連当事者等の個人事業に無償貸与していたケース

▶会社資産を関連当事者等に売却をする際，時価と簿価に相当の差異が生じていた（時価が簿価を大幅に上回っていた）にもかかわらず，明らかに割安な簿価で売却したケース

▶取引の開始や更新時などにおいて，相見積りの実施（営業取引の場合）や類似不動産の賃貸借条件の調査（不動産賃貸借取引の場合）など，取引条件の妥当性についての確認を十分に行っていないケース

8-5 関連当事者等との取引の解消

■ 具体的なケースで考えてみましょう ■

1. 会社が社長の不動産を借りて使っている

- 借り続けるには取引の合理性が必要です

2. 会社が社長から資金を借りている

- 返済しなければなりません

3. 会社の銀行借入金に社長の個人保証がついている

- 銀行へ外してもらうよう申し入れしなければなりません

4. 監査役が税理士で会社に税務業務も提供している

- いずれかを解消しなければなりません

5. 会社は社長が所有している別の会社と取引をしている

- 取引を継続するには相当な理由が必要です

6. 社有車が社長個人宅にありもっぱら私用目的で使用している

- 解消しなければなりません

7. 特定の大株主との間で，役員任命権の付与などが含まれる契約を締結している

- 解消しなければなりません

第8章
身内やグループ会社との関係もよく検討 179

▌6つのケースに基づく，取引解消の必要性

◉1のケース

　適正な賃借料を払っているとしても，取引の合理性（事業上の必要性）がない場合には，解約することが必要です。

◉2のケース

　適正な金利を払っているとしても，取引の合理性（事業上の必要性）がない場合には返済することが必要です。現金での返済の代わりに，現物出資として株式にかえることも考えられます。

◉3のケース

　取引の合理性（事業上の必要性）がない場合には，上場準備期間中に，証券取引所の上場承認後，上場までの間に個人保証の契約を解除することについて，上場準備期間中に取引先銀行と合意することが必要です。

◉4のケース

　監査役が税理士で会社に税務業務も提供している場合，自己監査となるおそれがあることから，いずれかを解消する必要があります。

◉5のケース

　取引の合理性（事業上の必要性）がない場合には，当該別の会社との取引について解消することが必要です。

◉6のケース

　会社財産と個人財産の峻別ができていないとみなされるため，解消することが必要です。社長が当該社有車を適正な価格で買いとることも考えられます。

◉7のケース

　特定の株主に特別な権利を付与する契約の存在は，その他の株主の権利を損なう懸念が高いことから，原則として上場申請前に解消さる必要があります（他にも，大型の設備投資に関して事前承認が必要となるような契約なども，解消されるべき取引の対象となります）。

8-6 管理体制の構築

■ 関連当事者等との取引に関する管理体制の構築 ■

体制作り
- 取引の適正性を確保するための体制を構築します。

取引開始前
- 取引の有無にかかわらず，関連当事者等の存在を特定します。
- 関連当事者等との取引高が事後的に集計できるような仕組みを会計システム上構築します。
- 会社法上の利益相反取引に該当する場合には，取締役会決議が必要です。

取引開始
- 取引の合理性（事業上の必要性）や条件の妥当性について検討します。

継続的取引
- 定期的に取引継続の合理性や条件の妥当性について確認します。

ディスクロージャー
- 開示書類の関連当事者情報として，金額だけでなく取引の内容についても記載できるよう情報の入手が必要です。

第8章
身内やグループ会社との関係もよく検討 | 181

▌関連当事者等との取引を適切に牽制する仕組みの整備
◉規程でのルール化および運用
　関連当事者等との取引について適正性を確保するための体制構築が必要になります。具体的には，規程・マニュアル（取締役会規程，監査役会規程，稟議規程，コンプライアンス規程やその下部マニュアルなど）への記載，取引を識別・記録・集計・開示するための責任者の任命その他の対応により，上場後の継続的な運用が担保されていなければなりません。

◉取引開始前
　関連当事者等の存在を網羅的に把握します。
　人的または資本的関連を強く有すると考えられる者を特定します。

◉関連当事者等との取引の開始にあたって
　関連当事者等との取引を開始した後に，当該取引の相手先が関連当事者等だと判明したということがないようにしなければなりません。
　また，取締役会で適切な協議や決議を行い，監査役による確認を行うことで，取引の合理性（事業上の必要性）や条件の妥当性について適切に検討しなければなりません。

◉継続的な取引
　決算取締役会での確認や監査事項（監査役監査，内部監査）にするなど，定期的に取引継続の合理性および条件の妥当性の確認を行わなければなりません。

◉ディスクロージャー
　発生した取引については，重要性がある場合は開示します（**8－7**参照）。

8−7 ディスクロージャー

■ 関連当事者取引の注記例 ■

（1）兄弟会社等

（単位：千円）

種類	会社等の名称	所在地	資本金又は出資金	事業の内容	議決権等の所有(被所有)割合	関連当事者との関係	取引の内容	取引金額	科目	期末残高
主要株主（法人）が議決権の過半数を所有している会社（当該会社の子会社を含む）	A社	東京都千代田区	10,000	情報処理サービス業	なし	役務の受入れ	コンピュータプログラムの外注（※1）	×××	買掛金	×××

取引条件および取引条件の決定方針等
※1　価格等の取引条件は，A社から提示された価格と，他の外注先との取引価格を参考にして，その都度交渉のうえ，決定している。

（2）役員及び個人主要株主等

（単位：千円）

種類	会社等の氏名又は名称	所在地	資本金又は出資金	事業の内容又は職業	議決権等の所有(被所有)割合	関連当事者との関係	取引の内容	取引金額	科目	期末残高
主要株主（個人）及びその近親者	B	-	-	T社代表取締役	被所有直接10%	前当社取締役T社は当社の販売代理店	T社への製品の販売（※2）	×××	売掛金	×××
役員及びその近親者	C	-	-	-	被所有直接1%	土地の賃借	駐車場用地の賃借（※3）	×××	その他の流動資産	×××

取引条件および取引条件の決定方針等
※2　価格等の取引条件は，市場の実勢価格等を参考にして，その都度交渉のうえで決定している。
※3　近隣の地代を参考にした価格によっている。

第8章
身内やグループ会社との関係もよく検討 | 183

▌関連当事者との取引に関する注記

新規上場申請のための有価証券報告書（Ⅰの部）では，関連当事者との取引に関する注記が必要です。また，上場後も継続して，有価証券報告書上，関連当事者との取引に関する注記が必要になります。

注記内容は左図の例にあるように，取引の内容や取引金額，科目別期末残高，取引条件および取引条件の決定方針等です。

▌注記の対象となる取引

Ⅰの部や有価証券報告書では，会社と関連当事者との取引のうち，重要な取引が注記対象となります。ただし，役員に対する報酬，賞与および退職慰労金の支払は，注記の対象外となります。

一方，上場審査では，金額の多寡に関わらず，すべての関連当事者等取引が審査対象となり，新規上場申請のための有価証券報告書（Ⅱの部）での記載が必要となります。

▌取引条件および取引条件の決定方針について

関連当事者等との取引が行われる場合，取引条件が妥当でなければなりません。

関連当事者等との取引が独立した第三者との取引と同等の取引条件で実行されたことを説明するためには，例えば以下の対応を行います。

▶関連当事者でない当事者との同一または同様の取引の条件と比較します。

▶取引の市場価格の判断および市場での取引条件の確認のため，外部の専門家に市場価格等の調査を依頼します。

▶取引条件を，おおむね同様の取引に係る周知の取引条件と比較します。

8-8 関係会社の整備

■ 関係会社とは ■

関係会社とは，申請会社の親会社，子会社および関連会社ならびに申請会社が他の会社等の関連会社である場合における当該他の会社のことをいいます。

■ 関係会社の状況と対応策 ■

関係会社の状況	対応策
会社としての存在に合理性・必然性がない	➡ 売却・清算・合併
関係会社の経営状況が悪化している	➡ 実現可能な再建計画を策定するか，もしくは，売却・清算・合併
管理体制が整備されていない	➡ 管理体制の構築・合併
申請会社との取引について合理性と取引条件の妥当性がない	➡ 取引の解消
子会社が100％子会社ではない	➡ 100％子会社とするか，もしくは，他社から出資を受けている必要性を説明する

第8章
身内やグループ会社との関係もよく検討 | 185

▌関係会社の整備の内容

前節までの関連当事者等との取引の見直しに加えて，関係会社の整備も，以下のような多岐にわたる点に留意して行う必要があります。

◉ **存在に合理性・必然性があるか**

▶実質的な事業活動を行っている会社か。

▶事業内容の発展性，危険性についての理解は十分か。

▶関係会社が別会社として存在することに合理的な理由はあるか。

◉ **関係会社の経営状況は悪化していないか**

▶申請会社の業績に与える影響にはどのようなものがあるか。

▶財政状況と経営成績についての将来の見通しがあり，関係会社に多額の負債，在庫の過剰・滞留など，申請会社の負担となる要因はないことが確認されているか。

▶経営不振の関係会社がある場合には，申請会社の負担とならないような再建計画の立案と実行可能性が認められるか。

◉ **管理体制が整備されているか**

▶関係会社の管理方針は明確になっているか。

▶関係会社には管理部門があり，当該部門の業務内容は明確に定められており，実施されているか。

▶各業務についての報告，承認の制度が適切に整備されているか。

▶連結決算体制は確立しているか。

◉ **取引内容・条件に合理性・必然性があるか**

▶申請会社と関係会社との取引が，事業上必要か。

▶取引条件が，一般的取引条件と同等であるか。

◉ **子会社は，申請会社が 100%出資しているか**

▶ 100%にできない合理的な理由があるか。

8-9 子会社上場に該当する場合

■ 子会社上場において生じる利益相反関係 ■

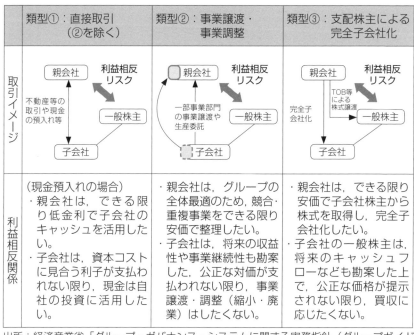

出所：経済産業省「グループ・ガバナンス・システムに関する実務指針（グループガイドライン）エグゼクティブ・サマリー『グループガバナンスの強化と持続的な企業価値の向上に向けて』」2019年6月28日

親会社と申請会社の少数株主との間には，潜在的な利益相反の可能性があります。

少数株主の権利や利益が損なわれないよう，親会社からの独立性を確保する必要があります。

子会社上場における留意事項

　日本では，上場子会社が長期安定的な形態として多数存在し，日本特有の実務とされています。ここでは，申請会社が親会社を有している場合（いわゆる「子会社上場」に該当する場合）の留意事項に関して紹介します。

　親会社と申請会社の少数株主との間には，例えば左図のように潜在的な利益相反の関係があると考えられます。このため「子会社上場」の上場審査に当たっては，申請会社の少数株主の権利や利益が損なわれないことが求められるなどの理由から，親会社からの独立性確保の状況について，以下の確認がなされます。

▶申請会社の事業内容と親会社の企業グループの事業内容の関連性などを踏まえ，事実上，当該親会社の「一事業部門」と認められる状況にないか。

　「一事業部門」と認められる状況では，親会社の裁量により，本来，申請会社の株主に還元されるべき利益が不当に侵害される可能性が高く，このような会社は独立した投資対象物件として投資者に提供するには望ましくありません。

▶通常の取引の条件と著しく異なる条件での取引など，申請会社あるいは親会社グループの不利益となる取引行為を強制または誘引していないか。

▶申請会社の出向者の受入れ状況が，親会社に過度に依存しており，継続的な経営活動を阻害するものでないか。

　また，「子会社上場」は上場後も親会社が申請会社株式の議決権の大きな割合を保有している点，親会社の役員と申請会社の役職員との兼職が行われることが多い点などから，申請会社自身が独自の意思決定を行いづらい状況にあります。本来，上場会社のガバナンス上，親会社が大きな影響力を持つのは望ましいものではありません。将来的には，親会社による出資比率を下げる，親会社の役員と兼職をする役員を減らすなどの対応を図り，申請会社が独自の経営を行えるような形態に移行していくことが望ましいと考えられます。

一口メモ

　上場するにあたり，関連当事者等取引と関係会社について，さまざまな対応が必要となりますが，その根本的な考えは，会社の利益を守ることにあります。

●関連当事者等取引と利益相反取引

　関連当事者等取引と似た言葉に，利益相反取引という言葉があります。利益相反取引は，会社法で規定されており，取締役が会社の利益を犠牲にして，自己または第三者の利益を図るような取引です。利益相反取引が行われると，会社が損害を受けるおそれがあります。

　会社が損害を受けるおそれがある点では，関連当事者等取引も同じであり，上場準備にあたり，会社は取締役との取引だけでなく，関連当事者等との取引についても，十分に注意を払う必要があります。

●関連当事者等取引の把握

　上場申請書類には，関連当事者等との取引や債権債務を網羅的に記載する表が含まれます。この表を効率よく作成するには，経理部で勘定科目を設定する際に，関連当事者等に対する取引や債権債務を区分して集計する必要があります。その結果，有価証券報告書における関連当事者情報も，漏れなく正確に把握することができます。

●関係会社の管理の必要性

　上場するには，申請会社（親会社）だけでなく，グループ全体の内部管理体制が有効に機能している必要があります。具体的には，親会社から子会社への指示伝達や，子会社から親会社への報告が，適時・的確に行われる必要があります。上場会社になると，毎月の取締役会で，連結ベースでの月次決算報告が必要となるため，子会社から必要な情報が報告される体制を構築することが必要です。

第9章

上場のために
必要な資料と開示とは

〜審査書類とディスクロージャー〜

9−1 新規上場申請のための 有価証券報告書（Ⅰの部）

■ 新規上場申請のための有価証券報告書（Ⅰの部）目次 ■

第一部【企業情報】

第１【企業の概況】

第２【事業の状況】

第３【設備の状況】

第４【提出会社の状況】

第５【経理の状況】

第６【提出会社の株式事務の概要】

第７【提出会社の参考情報】

第二部【提出会社の保証会社等の情報】

第三部【特別情報】

第１【連動子会社の最近の財務諸表】

第四部【株式公開情報】

第１【特別利害関係者等の株式等の移動状況】

第２【第三者割当等の概況】

第３【株主の状況】

監査報告書

（注）第三部 第１の連動子会社とは，会社の剰余金の配当が特定の子会社の剰余金等に基づき決定される旨が定款で定められている場合の当該子会社をいいます。

（注）第四部 第１の特別利害関係者等とは以下のとおりです

(1) 申請会社の特別利害関係者 … 役員，その配偶者及び二親等内の血族（以下「役員等」といいます。），役員等により総株主等の議決権の過半数を所有されている会社並び関係会社及びその役員

(2) 申請会社の大株主上位 10 名

(3) 申請会社の人的関係会社及び資本的関係会社並びにこれらの役員

(4) 金融商品取引業者及びその役員並びに金融商品取引業者の人的関係会社及び資本的関係会社

▎上場申請時に，証券取引所へ提出する書類

　上場申請時には，多くの各種書類を提出する必要がありますが，その中でも提出するにあたり，とりわけ作成に手間と時間がかかる書類が，Ⅰの部，Ⅱの部といわれるものです。

　これらの書類作成に必要な情報をいかにして収集するか，その情報が正しいかどうかを検証することも含めて，社内の仕組みをあらかじめ整備することが必要です。

▎新規上場申請のための有価証券報告書（Ⅰの部）

　左図の第一部【企業情報】と第二部【提出会社の保証会社等の情報】は，上場後の企業が提出する有価証券報告書と同じ項目です。第一部【企業情報】の第5【経理の状況】には，直前々期，直前期の財務諸表を記載します。

　第三部【特別情報】は，連動子会社の財務諸表を記載します。

　第四部【株式公開情報】は，最近事業年度の末日の2年前からⅠの部提出日までの間における，特別利害関係者等の株式等の移動状況，第三者割当等による株式等の発行の内容等を記載し，Ⅰの部提出日現在の株主の状況について記載します。

　Ⅰの部は，証券取引所の上場承認後に，証券取引所のホームページで公開されます。

　第一部と第二部は，上場後も同じ項目で開示されるものであり，作成方針は，期間比較が可能なように継続性が要求されます。したがって，上場後を見据えた作成方針を慎重に検討しなければなりません。

9-2 Ⅱの部および各種説明資料(マザーズ), JASDAQ 上場申請レポート

■ 新規上場申請のための有価証券報告書（Ⅱの部）目次 ■

Ⅰ．上場申請理由について
Ⅱ．企業グループの概要について
Ⅲ．事業の概況について
Ⅳ．経営管理体制等について
Ⅴ．株式等の状況について
Ⅵ．経理・財務の状況について
Ⅶ．予算統制等について
Ⅷ．過年度の業績等について
Ⅸ．今後の見通しについて
Ⅹ．その他について

■ 新規上場申請者に係る各種説明資料（マザーズ）目次 ■

1．事業の内容について
2．経営管理体制等について
3．過年度の業績及び今後の事業計画について
4．その他

■ JASDAQ 上場申請レポート（スタンダード）目次 ■

【上場準備過程】
【申請会社グループの概要】
【事業の内容】
【経営管理体制】
【業績の推移及び今後の見通し】
【その他】

■ JASDAQ 上場申請レポート（グロース）目次 ■

【上場準備過程】
【申請会社グループの概要】
【事業の内容】
【経営管理体制】
【今後の事業計画】
【その他】

※添付資料は除きます

第9章
上場のために必要な資料と開示とは | 193

▌新規上場申請書のための有価証券報告書（Ⅱの部）など

　東京証券取引所の本則市場に上場申請する場合は，「新規上場申請のための有価証券報告書（Ⅱの部）」を作成します。

　マザーズに上場申請する場合は，「新規上場申請者に係る各種説明資料」を作成します。

　JASDAQ に上場申請する場合は，「JASDAQ 上場申請レポート」を作成します。なお，JASDAQ 上場申請レポートは，スタンダードとグロースで異なります。

　これらが，会社および会社グループの内容を詳細に説明する資料です。記載項目は左のとおりです。会社の外部環境，事業の内容，内部管理体制や経営方針，将来性について詳細に説明する資料です。

　証券取引所の実質的な審査は，書面審査が中心であり，これらの資料に沿ったヒアリング形式で行われるため，これらの資料は審査の中心的役割を担う重要な資料と位置づけられます。

▌作成にあたって

　記載した内容については，取締役会議事録，稟議書，社内規程など，事実関係が確認できる資料が必要であり，記載内容の根拠となる基礎資料は詳細に作成することが必要です。

　記載内容が企業グループ全般にわたっていますので，作成は経理部だけではできません。他部署およびグループ会社と一緒に作り上げていくことが必要です。

　また，資料が不十分でⅡの部などの作成が途中で止まっていると提出期限に間に合いません。審査資料を作成するプロジェクトチーム（2－2を参照）に情報が適宜に集約され，提出日までの進捗管理が重要です。

　これら説明資料は証券取引所に審査のために提出するものであり，投資家に公開されるものではありません。

9-3 新規上場申請のための四半期報告書

■ 新規上場申請のための四半期報告書目次 ■

第一部【企業情報】

第1 【企業の概況】

第2 【事業の状況】

第3 【提出会社の状況】

第4 【経理の状況】

第二部【提出会社の保証会社等の情報】

四半期レビュー報告書

■ 四半期報告書に含まれる損益計算書およびキャッシュ・フロー計算書 ■

新規上場申請のための四半期報告書が第1四半期の場合

損益計算書	3ヵ月間の四半期累計期間が対象
キャッシュ・フロー計算書	3ヵ月間の四半期累計期間が対象ですが作成を省略することもできます

新規上場申請のための四半期報告書が第2四半期の場合

損益計算書	6ヵ月間の四半期累計期間が対象
キャッシュ・フロー計算書	6ヵ月間の四半期累計期間が対象

新規上場申請のための四半期報告書が第3四半期の場合

損益計算書	9ヵ月間の四半期累計期間が対象
キャッシュ・フロー計算書	9ヵ月間の四半期累計期間が対象ですが作成を省略することもできます

四半期累計期間に加えて，当該四半期の3ヵ月間の四半期会計期間の損益計算書，キャッシュ・フローを追加することもできます。

新規上場申請のための四半期報告書

上場申請に係る提出書類として，新規上場申請のための四半期報告書があります。

対象となる四半期報告書は，上場予定の時期によって異なります。

◉ **申請事業年度の開始から３ヵ月経過後に上場する場合**

申請期の第１四半期の四半期報告書を提出

◉ **申請事業年度の開始から６ヵ月経過後に上場する場合**

申請期の第１四半期と第２四半期の四半期報告書を提出

◉ **申請事業年度の開始から９ヵ月経過後に上場する場合**

申請期の第１四半期と第２四半期と第３四半期の四半期報告書を提出

新規上場申請のための有価証券報告書（Ⅰの部）に含まれる四半期情報

Ⅰの部の提出日によっては，Ⅰの部に申請事業年度の四半期情報を含める必要があります。

提出日や上場承認日によって，開示する四半期情報の対象期間が異なりますので，四半期情報の開示については，上場スケジュールに合わせた検討が必要になります。

会計処理の原則および手続の決定

四半期財務諸表を作成するにあたって，事前に会計処理の原則および手続を決定する必要があります。

四半期財務諸表の作成のために採用する会計処理の原則および手続は，会計基準に定められた四半期特有の会計処理（原価差異の繰延処理と税金費用の計算）を除き，原則として年度の財務諸表の作成にあたって採用する会計処理の原則および手続に準拠しなければなりません。

9-4 有価証券届出書・目論見書

■ 有価証券届出書　目次 ■

第一部【証券情報】
　第1【募集要項】
　第2【売出要項】
　第3【第三者割当の場合の特記事項】
　第4【その他の記載事項】
第二部【企業情報】
　第1【企業の概況】
　第2【事業の状況】
　第3【設備の状況】
　第4【提出会社の状況】
　第5【経理の状況】
　第6【提出会社の株式事務の概要】
　第7【提出会社の参考情報】
第三部【特別情報】
　第1【連動子会社の最近の財務諸表】
第四部【株式公開情報】
　第1【特別利害関係者等の株式等の移動状況】
　第2【第三者割当等の概況】
　第3【株主の状況】

■ Ⅰの部，有価証券届出書，目論見書の構成比較 ■

		Ⅰの部	有価証券届出書^(注1)	目論見書
構成	証券情報	―	第一部	第一部
	企業情報	第一部	第二部	第二部
	提出会社の保証会社等の情報	第二部^(注2)	―	―
	特別情報	第三部	第三部	―
	株式公開情報	第四部	第四部	第四部
提出先／交付先		証券取引所	財務局	投資家
開示の有無		有（証券取引所のHP）	有（EDINET）	無（投資家に交付）

（注1）二号の四様式にご作成
（注2）Ⅰの部の「企業情報」の次に，三号様式（有価証券報告書）の「提出会社の保証会社等の情報」を挿入

有価証券届出書

財務省財務局へ上場承認日までに提出する書類です。

有価証券届出書の第二部以降は，Ｉの部と同じものです。

第一部【証券情報】は，募集による資金調達の詳細や売出しに関する詳細を記載します。

有価証券届出書は，EDINET で公開されます。

目論見書

募集または売出しのために投資家に，会社が提供する書類です。

目論見書の記載事項は，おおむね，第三部【特別情報】を除いた有価証券届出書記載事項と同じです。

有価証券届出書は，財務局へ提出する書類ですが，目論見書は，投資家に読んでもらう書類です。したがって，読みやすいように，色刷りで表やグラフや写真を入れます。

一般の投資家は，幹事証券会社の窓口およびホームページから，目論見書を入手できます。

作成の負荷

有価証券届出書や目論見書の作成にあたっては，Ｉの部のかなりの部分を使用できますので，作成の負荷は大きくありません。

9-5 上場後の開示

■ 法定開示の期限 ■

有価証券報告書	事業年度末日後3ヵ月以内に，EDINET上で開示します
四半期報告書	四半期決算日後45日以内に，EDINET上で開示します

他に，金融商品取引法では，一定の要件に該当する場合には，臨時報告書，大量保有報告書や自己株券買付状況報告書等を提出することも求められています。

(注) EDINET（Electronic Disclosure for Investors' NETwork）とは，金融商品取引法に基づく有価証券報告書等の開示書類に関する電子開示システムです。提出された開示書類はWeb上で閲覧できます。

■ 証券取引所が求める開示の期限 ■

決算短信	事業年度末日後45日以内に，TDnet上で開示します
四半期決算短信	四半期決算日後45日以内に，TDnet上で開示します
その他の適時開示	決定の事実，発生の事実の都度，TDnet上で開示します

(注) TDnet（Timely Disclosure network：適時開示情報伝達システム）とは，全国の上場会社の適時開示情報を一元的に集め，投資家等利用者にリアルタイムで配信する証券取引所のサービスです。

■ 監査報告書におけるKAMの記載 ■

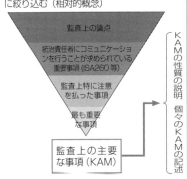

出所：日本公認会計士協会「監査報告書の透明化 KAM試行の取りまとめ」2017年11月17日

金融商品取引法に基づく開示

上場後は，金融商品取引法に規定する，有価証券報告書や四半期報告書を定期的に提出する必要があります。その他随時提出しなければならない報告書もあります。

証券取引所から求められる開示

証券取引所の規則により，決定事実，発生事実，決算情報などの重要な開示情報の開示が求められます。決定事実は，例えば，新株発行や固定資産の譲渡などの決定であり，発生事実は，例えば，災害による損害，主要株主の異動などの発生であり，決算情報は，決算短信，四半期決算短信です。それらを適時適切に開示する必要があります。

インサイダー取引と適時開示

インサイダー取引とは，内部情報に接する立場にある役員等が，その特別な立場を利用して会社の重要な内部情報を知り，その情報が公表される前にこの会社の株式等を売買することをいいます。

情報が公表される時点が問題になりますが，TDnet で情報が公表されれば，役員等はインサイダー取引規制への抵触を懸念することなく株式等を売買できることとなります。

企業グループの情報

申請会社だけでなく，子会社に関連する決定事実，発生事実，決算情報についても，適時開示を要請される項目があり，企業グループで，適時開示ができる体制を整備することが必要です。

監査報告書に記載する KAM

監査上の主要な事項（KAM）とは「監査人の職業専門家としての判断において，当年度の財務諸表監査で特に重要な事項」をいいます。KAM の記載は，基本的に上場会社が対象となりますが，上場申請会社が一定の規模以上の場合には，上場申請時の I の部に添付される監査報告書に記載が必要となります。

一口メモ

　上場を目指す会社は，内部管理体制を整備していきます。この整備過程の中で，上場申請書類を作成することによって，自社がどの程度上場企業としての管理体制が整備されているかどうかがわかります。

　例えば，「新規上場申請のための有価証券報告書（Ⅰの部）（Ⅱの部）」の記載項目を埋める作業の中で，その記載すべき情報がとれないというケースがあります。

　Ⅱの部では，中期利益計画や年度利益計画の具体的立案方法や管理統制方法などの記載が要求されています。

　従前，会社は社長個人が目標を設定していただけかもしれません。しかし，年度利益計画を構成する売上高，製造原価，販売費及び一般管理費などの見通しをどのようなデータを基に予想し，どのような方法で集計して作成していくかを記載しなければなりません。

　このことは，年度利益計画などを組織的に作成し運用していかなければならないことを示しています。

　上場を目指す会社は，早めに「新規上場申請のための有価証券報告書（Ⅰの部）（Ⅱの部）」の記載項目を理解し，会社の内部管理体制を整備していく必要があります。

　また，整備した体制は上場後も継続して運用していくことが必要です。

第10章

2つの審査を
クリアするために

～証券会社と証券取引所の審査～

10-1 上場までの2つの審査

■ 引受審査と上場審査の実施時期 ■

（例）3月決算会社が7月に申請した場合

	3期前	直前々期	直前期	申請期						
				4月	5月	6月	7月	8月	9月	10月
申請会社							上場申請		ファイナンス期間	上場
株主総会						定時株主総会				
主幹事証券会社 公開引受部	上場指導，上場審査書類作成サポート									
監査法人	会計領域の指導，会計監査									
〈監査対象期間〉		会計監査	会計監査	四半期レビュー						
主幹事証券会社 引受審査部		引受審査（3ヵ月～6ヵ月）								
証券取引所							上場審査 本則：3ヵ月 新興：2ヵ月		承認公表	

（注1）引受審査の具体的な内容は **10-2** 参照
（注2）上場審査の具体的な内容は **10-3** 参照

上場までに受ける2つの審査

　上場するためには，主幹事証券会社による引受審査と証券取引所による上場審査を受けることになります。

引受審査

　引受審査は，主幹事証券会社が引受責任を果たすために，会社が提出した資料および情報，その他必要に応じて証券会社が収集した資料および情報を基に，有価証券の引受けの可否の判断する審査です。

　引受責任とは，会社の株式を主幹事証券会社が取得して販売し，売れ残りは自ら買い取る責任をいいます。

上場審査

　上場審査は，上場会社として一定の品質基準（上場適格性）を満たしていることを，証券取引所が上場審査基準に基づき判断する審査です。

　上場すると，企業が発行する株式は不特定多数の投資家により売買されるため，一般の投資者からの信頼を確保できるような会社であることが求められます。上場審査は，証券取引所の上場規程への適合状況を確認することにより，上場会社として相応しい会社かどうかを確認します。

上場申請後上場するまでの期間

　証券取引所の上場審査は，2～3ヵ月かけて行われます。上場審査が終了すると上場が承認されます。

　上場承認後約1ヵ月で公募・売出しが完了し，証券取引所への株式の上場となります。これでIPOが完了します。

10-2 主幹事証券会社の審査 （引受審査）

■ 引受審査の内容 ■

①公開適格性	②企業経営の健全性および独立性	③事業継続体制
④コーポレート・ガバナンスおよび内部管理体制の状況	⑤財政状態および経営成績	⑥業績の見通し
⑦調達する資金の使途	⑧企業内容等の適正な表示	⑨その他証券会社が必要と認める事項

■ 引受審査で提出する主な資料（例）■

- 資金調達使途の説明
- 予想貸借対照表および予想キャッシュ・フロー表
- 会社の概要（業界に占める地位およびシェア，業界の動向，事業の概況，事業内容の変更等）
- 営業の状況と利益計画を示す資料
- 経理の状況（販売先一覧表，仕入先一覧表，月次受注高および売上高表ならびに関係会社一覧表等）
- 最近の財政状態および経営成績（最近の財政状態，偶発債務一覧表，重要な後発事象，最近の経営成績，最近の受注高ならびに受注残高および売上高等）
- 事業等のリスクに関する検討事項

- 定款
- 計算書類等
- 事業報告等
- 税務申告書
- 会社パンフレット
- 商品カタログ
- 組織図
- 規程，マニュアル
- 重要な契約書の写し
- 月次予算管理資料，申請期の予算書
- 取締役会議事録
- 中長期事業計画
- 監査契約書
- 監査法人等による予備調査報告書
- マネジメント・レター

主幹事証券会社の引受審査の時期

　主幹事証券会社の引受審査は，上場申請の前までかけて行われます。主幹事証券会社の審査を受ける時期とその期間，進め方はそれぞれの会社の事業の特徴や特有の事情によって変わります。審査で改善を求められた項目の対応状況によっては，審査期間が延長されることもあります。

　証券会社によっては複数回に分けて審査を実施することもあります。初回に，審査上の問題点を洗い出し，その後に改善のための指導が行われます。審査が進むにつれて，指摘項目の改善状況や足元の業績が主な確認項目となります。

主幹事証券会社の行う引受審査の内容

　主な引受審査の内容を左図に記載しています。社会的な関心，市場環境，業種やビジネスモデルなど，会社ごとの事情により，審査の過程で重点的に確認するポイントは異なります。

　投資家は，上場する会社の将来の業績に強い関心をもっています。そのため，業績の見通しが重要となり，事業計画が合理的に策定されているかどうかについて入念に確認されます。

主幹事証券会社の行う引受審査の手続

　主幹事証券会社の引受審査に対する対応として，①審査資料の提出（決算書，取締役会議事録，事業計画書，業績管理資料，取引所提出予定書類のドラフトなど），②書面質問に対する回答，③引受審査部からの指摘項目に対する改善，④経営者面談などを行います。

10-3 証券取引所の審査（上場審査）

■ 上場審査スケジュール ■

エントリー・事前確認（主幹事証券会社）	・上場申請のエントリー ・公開指導の内容，引受審査の内容，反社会的勢力との関係がないこと，審査日程の確認	2週間程度
上場申請	・新規上場申請に係る提出書類等の受理 ・申請理由，事業内容，経営環境，役員および株主の状況に関するヒアリング ・審査内容，審査スケジュールの説明（証券取引所審査担当者）	本則： 10週間程度 ジャスダック： 6週間程度 マザーズ： 6週間程度
書面質問＆ヒアリング	・書面質問および書面質問の回答に関するヒアリング（通常3回）（※）	
実地調査	・本社，工場，事業所等の視察，書類閲覧およびヒアリング	
公認会計士ヒアリング（公認会計士）	・監査契約締結の経緯，経営者，監査役等とのコミュニケーションの状況，内部管理体制の状況，経理および開示体制等に関するヒアリング（審査の初期段階で行うこともあります）	書面質問 実地調査等 終了後
社長面談・監査役面談・独立役員面談等	・経営者に対し，経営理念，ビジョン，株主対応の考え方，内部管理体制等に関するヒアリング（10-8参照） ・監査役に対し，監査役監査の実施状況，会社が抱える課題等に関するヒアリング ・独立役員に対し，コーポレート・ガバナンスに対する方針・体制・運用状況，独立役員の活動の環境整備，独立役員に期待される役割・機能等に関するヒアリング	
社長説明会	・会社の沿革，事業内容等の説明（10-8参照）	各種面談後 7〜8営業日 前後
承認公表	・証券取引所ホームページにて，株式の上場を承認した旨を公表	3営業日程度

※ マザーズは原則として書面による質問への回答は求められていません。ただし，必要に応じて書面による回答を求められる場合があります。また，ヒアリングは通常4回行われます。

上場審査を受ける時期と期間

◉上場申請日の決定

　直前事業年度の定時株主総会で直前期の決算が確定したあとに上場申請することができます。いつ上場申請するかは，会社と主幹事証券会社が相談して決めることになります。申請の日程は，主幹事証券会社の引受審査にかかる期間や，証券取引所の標準的な審査期間，ファイナンスの日程などを考慮する必要があります。

◉標準的な上場審査期間

　標準的な審査期間は，証券取引所の規則で決められています。東京証券取引所では，本則市場は申請日から３ヵ月，マザーズとジャスダックは２ヵ月とされています。

◉上場審査スケジュールの提示

　上場申請時に証券取引所から審査スケジュールが提示されます。このスケジュールは，審査が順調に進むことを前提として作られています。審査の過程で，これまで把握していなかった問題点が発見されることがあります。このような場合は，内容の確認や改善策の策定，改善状況の説明が必要になるため，審査期間が延長されることがあります。

◉上場審査手続の概要

　東京証券取引所本則市場の場合は，上場審査は①上場申請，②書面による質問と回答，③書面質問の回答に関するヒアリング，④実地調査，⑤公認会計士ヒアリング，⑥社長面談および監査役面談など，⑦社長説明会といった流れで行われます。

　このような手続を終えたあと，証券取引所は上場を認めるかどうかについて判断します。

10-4 形式要件

■ マザーズの形式要件 ■

(1) 上場後の株式の流動性

- 株主数 200 人以上
- 流通株式数 2,000 単位以上，流通株式時価総額 5 億円以上，流通株式比率 25% 以上
- 公募 500 単位以上
- 時価総額 10 億円以上

(2) 事業継続年数，財政状態および経営成績

- 取締役会を設置して 1 年間事業活動を継続
- マザーズは純資産額，利益額の要件を定めていない

(3) 監査法人の監査

- 監査意見
 (a. 最近 1 年間「無限定適正」
 (b. 最近 2 年 (a. 除く)「無限定適正」または「限定付適正」
- 四半期レビュー報告書「無限定の結論」
- 虚偽記載なし
- 上場会社監査事務所による監査

(4) 株式事務関係等

- 株式事務代行機関設置
- 単元株式数 100 株
- 特定の種類の株券であること
- 譲渡制限を行っていないこと
- 指定振替機関の取扱いの対象となること

形式要件と実質審査基準

上場申請をする際に，会社の規模，利益の金額，株式の流動性，株式事務を行う体制などに関して必要とされる要件を「形式要件」といいます。証券取引所は，形式要件を満たす見込みのある会社からの申請を受けて，上場審査を行います。上場審査で上場を認めるかどうかを判断する基準となる具体的な項目を「実質審査基準」といいます。

形式要件の項目

東京証券取引所は，形式要件を有価証券上場規程で定めています。それぞれの市場の形式要件は章末の参考資料「形式要件の比較表」に記載しています。

左図はマザーズの形式要件です。

左図「(1) 上場後の株式の流動性」は，株式の分散を図り，売買が円滑に行われるように定められた基準です。資本政策を策定する際に一般の株主をどの程度受け入れるのかという観点から，その比率を考える必要があります。詳しくは**第4章**を参照してください。

左図「(2) 事業継続年数，財政状態および経営成績」については，マザーズでは，財政状態および経営成績について要件を定めていません。他市場では，それぞれの市場が求める純資産の額，利益の額等が決められています。現在の利益水準や，今後の事業規模の拡大見込みなどを考慮して，申請する市場を決定します。

左図「(3) 監査法人の監査」，「(4) 株式事務関係等」は，各市場で実質的に相違はありません。これらの基準は上場に向けて整えるもので，主幹事証券会社や監査法人，株式事務代行機関，印刷会社などの専門家と相談しながら準備を進めます。

10-5 実質審査基準

■ 実質審査基準の構成 ■

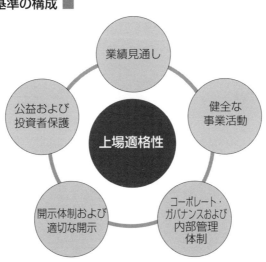

	東証第二部	ジャスダック（スタンダード）	マザーズ	ジャスダック（グロース）
業績見通し	企業の継続性および収益性	企業の存続性	事業計画の合理性	企業の成長可能性
健全な事業活動	企業経営の健全性	企業行動の信頼性	企業経営の健全性	企業行動の信頼性
コーポレート・ガバナンスおよび内部管理体制	企業のコーポレート・ガバナンスおよび内部管理体制の有効性	健全な企業統治および有効な内部管理体制の確立	企業のコーポレート・ガバナンスおよび内部管理体制の有効性	成長の段階に応じた健全な企業統治および有効な内部管理体制の確立
開示体制および適切な開示	企業内容等の開示の適正性	企業内容等の開示の適正性	企業内容，リスク情報等の開示の適切性	企業内容等の開示の適正性
公益および投資者保護	その他公益または投資者保護の観点から取引所が必要と認める事項	その他公益または投資者保護の観点から取引所が必要と認める事項	その他公益または投資者保護の観点から取引所が必要と認める事項	その他公益または投資者保護の観点から取引所が必要と認める事項

▌実質審査基準の内容

東京証券取引所は，有価証券上場規程で市場ごとに5つの適格要件を定めています。具体的な判断は「上場審査等に関するガイドライン」に基づき判断されることになります。上場会社として適格性の基本的な考え方に大きな相違はありません。

▌実質審査基準の解説

◉業績見通し

事業計画が適切に作成されていることを前提に，事業が安定的に継続または成長する見通しがあるかについて確認されます。事業計画を遂行するうえで必要な事業基盤の整備状況，またはその構築の見込みについても確認されます。

◉健全な事業活動

株主（特に一般株主）の利益保護の観点から，公正に事業運営がなされているかについて確認されます。

◉コーポレート・ガバナンスおよび内部管理体制

企業の収益性の向上や公正な事業運営の確保，適切なディスクロージャーの実施などを組織的に継続できるかの観点から，コーポレート・ガバナンスおよび内部管理体制が構築されているかについて確認されます。

◉開示体制および適切な開示

投資家が判断するために必要な会社情報を適時・適切に開示できる体制の構築状況，情報管理の体制について確認されます。

◉公益および投資者保護

公益および投資者保護の観点から問題がないか確認されます。例えば，株主の権利が不当に制限されていないか，係争や紛争はないか，反社会的勢力の関与を防止する体制を構築しているかなどについて確認されます。

10-6 業績見通し

■ 業績見通しに関する審査基準 ■

本則	企業の継続性および収益性（注1）	継続的に事業を営み，かつ，安定的な収益基盤を有していること。
JASDAQスタンダード	企業の存続性（注1）	事業活動の存続に支障を来す状況にないこと。
マザーズ	事業計画の合理性（高い成長可能性）（注2）	相応に合理的な事業計画を策定しており，当該事業計画を遂行するために必要な事業基盤を整備していることまたは整備する合理的な見込みのあること。
JASDAQグロース	企業の成長可能性（注3）	成長可能性を有していること。

（注1）本則市場，JASDAQスタンダード

業績の見通しについて，本則市場とJASDAQスタンダード市場では，上場後の一定の期間，安定的に利益を計上する見込みがあるかについて確認されます。ここでいう一定の期間は，原則として申請事業年度を含む2年程度の期間のことをいいます。

（注2）マザーズの「高い成長可能性」

マザーズでは，他市場と異なり，主幹事証券会社が高い成長可能性があるかどうかを判断します。証券取引所は，主幹事証券会社の判断を前提に事業計画の合理性を審査します。

（注3）JASDAQグロースの「成長可能性」

JASDAQグロースは，成長可能性を有することを証券取引所が判断します。成長可能性があるかどうかの判断であり，今後の成長を保証するものではありません。事業計画の前提となる事業環境と競争優位性について，合理的な根拠を有しているかを審査します。

業績見通しの審査

　業績見通しに関する審査は，市場コンセプトにより各市場の特徴が顕著に反映される項目です。安定的な利益計上が求められるか，今後の成長を求められるかは各市場により異なります。例えば，本則市場は実績ある企業が上場することを想定しているため，過去の業績トレンドを踏まえて今後の利益計上の見込みを確認します。マザーズは，近い将来本則市場への市場変更が期待される成長企業が上場することを想定しているため，高い成長可能性がある事業計画が合理的に作成されているかを重点的に確認します。

事業計画の合理性

　証券取引所の上場審査は，審査基準への適合性を判断する審査であり，会社の今後の業績の向上を保証するものではありません。業績の見通しは，事業計画が矛盾なく作成されていることを前提に判断されます。具体的には，市場環境や会社が有する経営資源などのさまざまな要素が事業計画に反映されているかどうかの観点から確認されます。

事業計画の作成プロセス

　合理的な事業計画を作成するために，事業計画策定の方法やプロセス，予算実績管理の仕組みが確立していることが求められます。第3章を参考にしてください。

事業基盤の確立など

　事業計画を遂行するために必要な事業基盤の確立状況が確認されます。事業計画を実現するためには，設備や人材，それを確保するための資金などが確保される見込みがあることが必要です。

　また，事業を行うために必要となる許可，認可，免許などについて，今後も継続することが見込まれる必要があります。

10-7 業績見通し以外の審査項目

■ 業績見通し以外の審査項目の内容 ■

健全な事業活動	・不必要な関連当事者等との取引 ・会社代表者等が受ける不当な利益 ・役員等の親族関係の弊害 ・親会社を有する場合，独自経営の確保等
コーポレート・ガバナンスおよび内部管理体制	・機関設計，役員構成 ・職務分掌，決裁制度 ・人員確保 ・会計組織の整備 ・法令遵守体制の構築等
開示体制および適正な開示	・情報管理体制 ・開示資料の法令準拠 ・関連当事者取引等の開示等
公益および投資者保護	・株主の権利内容の制限 ・係争または紛争 ・反社会的勢力の関与を防止する体制等

▍健全な事業活動

　会社に対して，影響力をもつ特定の会社や人物との取引により，本来会社に帰属するべき利益が社外に流出する状況にはないか，コーポレート・ガバナンスのゆがみにより，会社にとって健全な経営が行われない可能性はないかといった点がポイントとなります。特に経営者が関与する取引についてはその内容および牽制体制が組織的に整備されていることを慎重に確認されます。これらは，それぞれの証券取引所で同様の観点から確認されます。

▍コーポレート・ガバナンスおよび内部管理体制

　事業活動の円滑な遂行，公正な事業活動の確保などのために，組織的な事業活動を行うことが求められます。確認される項目は，市場ごとに大きな相違はありません。

　市場コンセプトの相違により，想定される会社の規模や成長段階が異なります。そのため，求められる内部管理体制の水準は異なるものと考えられます。また，コーポレート・ガバナンスや内部管理体制は各社の経営環境や特徴を考慮して構築されるべきものです。そのため，会社ごとに自社に適した内部管理体制を検討して構築します。

▍開示体制および適正な開示

　基本的にそれぞれの市場において確認される項目は同様です。

　マザーズと JASDAQ グロースについては，**9－5** の上場後の法定開示に加えて証券取引所から別途情報開示が求められます。具体的には，マザーズでは上場後年 2 回以上の投資に関する説明会の開催が，JASDAQ グロースでは中長期計画の開示と投資者向け説明会の開催が，それぞれ制度化されています。

▍公益および投資者保護

　事業活動が公益に反する可能性がある場合や株主の権利が害される場合，上場は認められません。それぞれの市場において確認される項目は基本的に同様です。

10-8 社長面談および社長説明会

■ 社長面談の質問項目と準備 ■

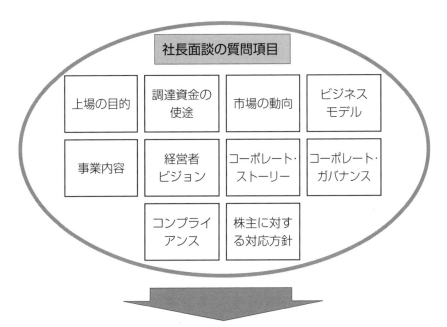

社長面談および社長説明会

　社長が証券取引所の上場審査の過程で直接対応する機会は，社長面談と社長説明会です。社長面談は他の審査手続がすべて終了した後，1週間ほどで行われます。その後社長説明会が行われます。この社長面談と社長説明会で，上場会社の経営者としての能力や資質について審査されます。社長面談などの時期は**10－3**をご参照ください。

社長面談で質問される内容

　社長面談では，ビジネスモデルについて会社の将来展望や今後の業績見通しについて質問されます。明確かつ定量的な根拠をもって説明することにより円滑に面談が進行します。

　また，上場審査の過程で重点的に確認した項目のうち，社長自らの説明が必要と判断された項目について，社長の考え方や対応方針が質問されます。

社長説明会

　証券取引所の担当役員に対して，社長自身が，会社の沿革，事業内容などについて説明します。その後，質疑応答が行われます。これまでの事務担当者の説明と社長の説明が矛盾することなく，真摯に対応することが肝要です。また，証券取引所の担当役員から上場会社になった際の留意事項および要請事項が説明されます。

引受審査，上場審査の質問項目

　主幹事証券会社と証券取引所の審査の過程で，同様の質問を繰り返し問われることがあります。それらの項目は上場するために整理すべき論点となる項目です。その都度問題ないか再考するとともに，必要があれば問題点を解消する必要があります。

10-9 上場会社に求められる責任

■ 企業行動規範 ■

遵守すべき事項	望まれる事項（努力義務）
1. 第三者割当に係る遵守事項 2. 流通市場に混乱をもたらすおそれのある株式分割等の禁止 3. MSCB 等の発行に係る遵守事項 4. 書面による議決権行使等の義務 5. 上場外国会社における議決権行使を容易にするための環境整備に係る義務 6. 独立役員の確保義務 7. コーポレートガバナンス・コードを実施するか，実施しない場合の理由の説明 8. 取締役会，監査役会または委員会，会計監査人の設置義務 9. 会計監査人の監査証明等を行う公認会計士等への選任義務 10. 業務の適正を確保するために必要な体制整備の決定義務 11. 買収防衛策の導入に係る遵守事項 12. MBO 等の開示に係る遵守事項 13. 支配株主との重要な取引等に係る遵守事項 14. 上場会社監査事務所等による監査 15. 内部者取引の禁止 16. 反社会的勢力の排除 17 流通市場の機能または株主の権利の毀損行為の禁止	1. 望ましい投資単位の水準への移行および維持に係る努力等 2. 売買単位の統一に向けた努力 3. コーポレートガバナンス・コードの尊重 4. 取締役である独立役員の確保 5. 独立役員が機能するための環境整備 6. 独立役員等に関する情報の提供 7. 議決権行使を容易にするための環境整備 8. 無議決権株式の株主への書類送付 9. 内部者取引の未然防止に向けた体制整備 10. 反社会的勢力排除に向けた体制整備等 11. 会計基準等の変更等への的確な対応に向けた体制整備 12. 決算内容に関する補足説明資料の公平な提供

第10章
2つの審査をクリアするために

▌上場会社の社長として求められる資質と見識

　上場会社となった後には，利害関係者が増加し，社会的な影響力が高まります。上場後は多数の利害関係者に配慮して利益追求と社会的責任の履行のバランスをとることが求められるようになります。上場会社の社長は，自社のビジネスに対する能力に加えて，資本市場や社会一般についての広い見識を有することが必要となります。

▌上場会社が従うべき「企業行動規範」

　証券取引所は，有価証券上場規程にて「企業行動規範」を定めています。この規範は，投資者を保護して公正で健全な市場を実現するために，上場するすべての会社が従う必要があります。そのため，あらかじめその内容を理解しておく必要があります。

◉「企業行動規範」の内容

　企業行動規範の項目を左図に記載しています。企業行動規範では，上場会社について，金融商品市場を構成する一員として，会社情報の開示を積極的に行うことにより，適切な投資判断が可能な状況を確保することが求められています。投資者保護の観点から，上場企業が守るべき義務，上場企業として望まれる行動を「遵守すべき事項」，「望まれる事項」として具体的に定めています。

▌不祥事対応のプリンシプルおよび不祥事予防のプリンシプル

　日本取引所自主規制法人は，上場会社における不祥事対応として「上場会社における不祥事予防のプリンシプル」および「上場会社における不祥事対応のプリンシプル」を策定しています。上場会社の不祥事が社会に与える影響を鑑みて，参考とすべき指針として公表されています。

　これらは，不祥事の発生前および発生後の対応についてあるべき共通の行動原則を示したものです。上場準備の段階で不祥事の予防または対応を行う場合，有益となります。

10-10 コーポレート・ガバナンスの充実

■ コーポレートガバナンス・コード基本原則 ■

【基本原則1】 株主の権利・ 平等性の確保	上場会社は，株主の権利が実質的に確保されるよう適切な対応を行うとともに，株主がその権利を適切に行使することができる環境の整備を行うべきである。 　また，上場会社は，株主の実質的な平等性を確保すべきである。 　少数株主や外国人株主については，株主の権利の実質的な確保，権利行使に係る環境や実質的な平等性の確保に課題や懸念が生じやすい面があることから，十分に配慮を行うべきである。
【基本原則2】 株主以外の ステークホル ダーとの適切 な協働	上場会社は，会社の持続的な成長と中長期的な企業価値の創出は，従業員，顧客，取引先，債権者，地域社会をはじめとする様々なステークホルダーによるリソースの提供や貢献の結果であることを十分に認識し，これらのステークホルダーとの適切な協働に努めるべきである。 　取締役会・経営陣は，これらのステークホルダーの権利・立場や健全な事業活動倫理を尊重する企業文化・風土の醸成に向けてリーダーシップを発揮すべきである。
【基本原則3】 適切な情報開 示と透明性の 確保	上場会社は，会社の財政状態・経営成績等の財務情報や，経営戦略・経営課題，リスクやガバナンスに係る情報等の非財務情報について，法令に基づく開示を適切に行うとともに，法令に基づく開示以外の情報提供にも主体的に取り組むべきである。 　その際，取締役会は，開示・提供される情報が株主との間で建設的な対話を行う上での基盤となることも踏まえ，そうした情報（とりわけ非財務情報）が，正確で利用者にとって分かりやすく，情報として有用性の高いものとなるようにすべきである。
【基本原則4】 取締役会等の 責務	上場会社の取締役会は，株主に対する受託者責任・説明責任を踏まえ，会社の持続的成長と中長期的な企業価値の向上を促し，収益力・資本効率等の改善を図るべく， （1）企業戦略等の大きな方向性を示すこと （2）経営陣幹部による適切なリスクテイクを支える環境整備を行うこと （3）独立した客観的な立場から，経営陣（執行役及びいわゆる執行役員を含む）・取締役に対する実効性の高い監督を行うことをはじめとする役割・責務を適切に果たすべきである。こうした役割・責務は，監査役会設置会社（その役割・責務の一部は監査役及び監査役会が担うこととなる），指名委員会等設置会社，監査等委員会設置会社など，いずれの機関設計を採用する場合にも，等しく適切に果たされるべきである。
【基本原則5】 株主との対話	上場会社は，その持続的な成長と中長期的な企業価値の向上に資するため，株主総会の場以外においても，株主との間で建設的な対話を行うべきである。 　経営陣幹部・取締役（社外取締役を含む）は，こうした対話を通じて株主の声に耳を傾け，その関心・懸念に正当な関心を払うとともに，自らの経営方針を株主に分かりやすい形で明確に説明しその理解を得る努力を行い，株主を含むステークホルダーの立場に関するバランスのとれた理解と，そうした理解を踏まえた適切な対応に努めるべきである。

「コーポレートガバナンス・コード」は，基本原則，原則，補充原則から構成されています。
▶基本原則：コーポレート・ガバナンスの機能ごとに基本的な考え方を示したもの（5原則）
▶原　　則：それぞれの基本原則をブレイクダウンしたもの（31原則）
▶補充原則：原則を補うため，例示も含めて詳細に記載したもの（42原則）

上場会社に求められるコーポレート・ガバナンス

経営者は，適切な事業運営を行うため，コーポレート・ガバナンスに関する理解を深め，ガバナンス体制を構築する責任があります。東京証券取引所では，「コーポレートガバナンス・コード（以下，コード）」を制定し，ここでコーポレート・ガバナンスを，会社が，株主をはじめ顧客・従業員・地域社会などの立場を踏まえたうえで，透明・公正かつ迅速・果断な意思決定を行うための仕組みと定義しています。

このコードでは，コーポレート・ガバナンスを充実させるための原則が定められ，上場会社はコードの趣旨や精神を尊重することが求められます。東証市場第一部，市場第二部はコードのすべての原則の遵守を，マザーズおよびJASDAQについては，基本原則の遵守が求められます。

コーポレートガバナンス・コードの目的

コードでは，コーポレート・ガバナンスの充実により，それぞれの会社は，持続的に成長し，中長期的に企業価値は向上するとしています。企業活動を萎縮させるものでなく，取締役会や株主総会の有効な運用を行い，株主との対話を開示により促進させることにより，企業の評価は高まると考えられています。

コンプライ・オア・エクスプレイン

コンプライ・オア・エクスプレインとは，原則を実施するか，実施しない場合にはその理由を説明するとした手法です。コードはこの手法を採用し，実施していない原則がある場合は，明示したうえでその理由を公表することが求められます。

コーポレート・ガバナンス報告書

証券取引所は，コーポレート・ガバナンスの充実のための施策として，投資者が各社を比較できるように，「コーポレート・ガバナンスに関する報告書」の開示を求めています。上述のコードの開示すべき事項と実施しない場合の理由の説明は，この報告書の該当箇所に記載し，公表することになります。

参考資料　■ 形式要件の比較表 ■

	東証1部 （直接上場）	東証1部 （ジャスダック から変更）	東証1部 （マザーズから変更） AまたはBに適合 A	B	東証2部 （直接上場）
株主数	2,200人以上	同左	同左		800人以上
流通株式 　流通株式数 　流通株式時価総額 　流通株式比率	 2万単位以上 — 35%以上	 同左 — 同左	売買高3か月 200単位以上 同左 20億円以上 同左	— 同左 10億円以上 同左	 4,000単位以上 10億円以上 30%以上
公募	—	—	—	—	—
時価総額	250億円以上	同左	40億円以上	250億円以上	20億円以上
事業継続年数	申請日の直前事業年度末から 3か年前（取締役会設置）	同左	同左		同左
純資産の額	連結10億円以上 （単体負でないこと）	同左	同左		同左
利益の額または 時価総額等	a. 最近2年間の経常利益額が合計 　5億円以上 または b. 時価総額が500億円以上（最近 　1年間における売上高が100億 　円未満である場合を除く）	同左	同左		同左
監査意見等	a. 最近2年間の有価証券報告書等 　に「虚偽記載」なし b. 最近2年間「無限定適正」また 　は「除外事項を付した限定付適正」 c. 最近1年間「無限定適正」 d. 次の(a)及び(b)に該当するもの 　でないこと (a) 最近1年間の内部統制報告書に 　「評価結果を表明できない」旨の 　記載 (b) 最近1年間の内部統制監査報告 　書に「意見の表明をしない」旨の 　記載	同左	同左		同左
株式事務代行機関	委託または受託の内諾	委託	同左		委託または受託の内諾
単元株式数	100株	同左	同左		同左
譲渡制限	譲渡制限なし または解除の見込み	譲渡制限なし	同左		譲渡制限なし または解除の見込み
指定振替機関	取扱いの対象 または対象の見込み	取扱いの対象	同左		取扱いの対象 または対象の見込み
合併等の実施見込	a. 2年以内に実質的な存続性 　を失う合併，会社分割，子 　会社化，非子会社化，事業 　の譲受譲渡がないこと b. 2年以内に解散会社となる 　合併，完全子会社となる株 　式交換，株式移転がないこ 　と	同左	同左		同左
その他	—	—	—	—	—

2020年4月30日

マザーズ	ジャスダック（スタンダード）	ジャスダック（グロース）	セントレックス	アンビシャス	Q—Board
200人以上	200人以上	同左	200人以上	100人以上	200人以上
同左	—	—	—	—	—
同左	5億円以上	同左	—	—	—
同左	—	—	—	—	—
500単位以上の公募	1,000単位または上場株件数の10%公募または売出し	同左	500単位以上の公募または売出し	同左	500単位以上の公募
10億円以上	—	—	3億円以上	—	3億円以上
申請日から1か年前（取締役会設置）	—	—	申請日から1か年前（取締役会設置）	同左	同左
—	連結2億円以上	連結正	—	1億円以上 最近2年間の営業利益が50百万円以上の場合は正	連結・単体正
—	a.最近1年の経常利益額が合計1億円以上 または b.上場時の時価総額が50億円以上	—	高い成長の可能性を有していると認められる事業の売上が計上されていること	最近1年の営業利益の額が正または営業利益が正でない場合高い収益性が期待できること	成長可能事業の売上高が計上されていること
a. I の部「無限定適正」または「除外事項を付した限定付適正」 b. I の部最近1年間「無限定適正」 c. I の部、四半期レビュー報告書の財務諸表等、参照される有価証券報告書等に「虚偽記載」なし d. 国内の他市場に上場している場合。次の(a)及び(b)に該当するものでないこと (a)最近1年間の内部統制報告書に「評価結果を表明できない」旨の記載 (b)最近1年間の内部統制監査報告書に「意見の表明をしない」旨の記載	同左	同左	a. I の部「適正」、最近1年間「無限定適正」 b. I の部「虚偽記載」なし	a.最近2年間の財務諸表等並びに最近1年間の中間財務諸表等に「虚偽記載」なし b.最近2年間の最初の1年間は「無限定適正」または「除外事項を付した限定付適正」、最近1年間は「無限定適正」	同左
同左	同左	同左	同左	同左	同左
同左	同左	同左	同左	同左	同左
同左	同左	同左	同左	同左	同左
同左	同左	同左	同左	同左	同左
—	(実質基準) a.3年以内に実質的な存続性を失う合併, 会社分割, 子会社化, 非子会社化, 事業の譲受譲渡がないこと b.3年以内に解散会社となる合併, 完全子会社となる株式交換, 株式移転がないこと c.3年以内に大株主, 経営者等による株式の全部取得による上場廃止	同左			
—	—	—	—	北海道に関連ある企業であること	九州周辺に本店を有する企業または九州周辺における事業実績・計画を有する企業

一口メモ

最近の審査の主なトピック

●事業計画の合理性

　経営者は市場にコミットできる合理的な事業計画の策定とその管理の仕組みを準備することが市場から期待されています。

　会社の事業計画，業績予想および実績は株価変動の重要な要素となることから，投資家はこれらについて強い関心があります。また，事業計画や業績予想は会社と投資家の間での重要なコミュニケーションの手段として機能する重要な情報です。上場直後に事業計画や業績予想の修正を余儀なくされる事態にならないように慎重な準備が求められます。

●内部管理体制の強化

　内部管理体制の整備及び強化は，上場会社となるために必要な要素です。各種法令の順守体制や子会社管理等の内部管理体制の整備が順調に進まなかったことなどにより，IPOのスケジュールが遅延することがないように，上場準備の早い段階から余裕を持って整備及び強化に取り掛かる必要があります。

●不正対応

　不正発生時の対応はもとより，事前に不正を予防するための体制整備が求められています。特に経営者が直接関与する取引については，不正につながる事例も多くあり，会社として組織的に不正を防止できる体制を整備することが求められます。

あとがき

『IPO をやさしく解説！上場準備ガイドブック』を最後までお読みいただきまして，ありがとうございます。本書をお読みいただいた皆さまは，きっと何らかの形で IPO に関わっているのではないかと思います。

人生の中で，IPO に実際に関与することはそう何度もあることではないでしょう。日本には 3,000 社を超える上場会社があるとはいえ，その数は株式会社全体の 1％にも満たないのです。そうした中で，IPO のハードルをクリアするには，経営者の強い意志が必要です。

単に業績がいいから上場できるという単純なことではなく，ビジネスの将来性などが投資家にとって魅力的であり，かつ各種の情報開示なども含めた管理体制がしっかりしているなど，成長性と内部管理体制のバランスも求められます。

長年上場を支援している立場からみて，経営者の中には上場後のことを深く考えずに IPO の意思決定をする方も見受けられます。上場を達成するうえで重要なことは，経営者として，会社が自分の手を離れてより公器に近づいていくことへの覚悟や，10 年後，20 年後にも生き残っていける強い会社にしたいという熱意です。

そのため本書は，経営者が上場を検討するうえで重要と思われることを中心に執筆しました。IPO は，独力で成し遂げられるものではありません。実際の上場にあたっては，会社にとって力になってくれる良い外部関係者とタッグを組みながら，大きな目標に向かって進んでいただきたいと思います。

2020 年 7 月

執筆者一同

参考文献

〔書籍〕

新日本監査法人公開業務部［2006］『ベンチャー市場株式公開マニュアル（第5版）』中央経済社

新日本監査法人事業開発部［2007］『実践事業計画書の作成手順』中経出版

新日本有限責任監査法人［2016］『ケーススタディ・上場準備実務（改訂版）』税務経理協会

新日本有限責任監査法人［2017］『監査役監査の基本がわかる本（第3版）』同文舘出版

新日本有限責任監査法人事業開発部［2008］『資本政策の考え方と実務の手順』中経出版

新日本有限責任監査法人事業開発部［2008］『ケーススタディ・データ分析による資本政策の実務』税務研究会出版局

新日本有限責任監査法人事業開発部［2008］『金融マンのための「IPO支援」業種別ガイドブック』中央経済社

新日本有限責任監査法人事業開発部［2008］『わが社が株式上場するときの基準がわかる本』中経出版

新日本有限責任監査法人事業開発部［2008］『株式上場マニュアル』税務研究会出版局

入山章栄［2012］『世界の経営学者はいま何を考えているのか』英治出版

大崎愼一，増田孝夫［2010］『図解　株式上場のしくみ』東洋経済新報社

太田洋，高木弘明編著［2015］『平成26年会社法改正と実務対応（改訂版）』商事法務

大前研一，アタッカーズ・ビジネススクール編著［2006］『決定版！「ベンチャー起業」実践教本』プレジデント社

㈱日本総合研究所経営戦略研究会［2008］『この1冊ですべてわかる経営戦略の基本』日本実業出版

ジェイ・B・バーニー著，岡田正大訳［2003］『企業戦略論－競争優位の構築と持続－【上】基本編』ダイヤモンド社

清水勝彦［2007］『戦略の原点』日経 BP 社

ジェームズ・C・コリンズ，ジェリー・I・ポラス著，山岡洋一訳［1995］『ビジョ
　　ナリー・カンパニー』日経 BP 社

ジョアン・マグレッタ著，桜井祐子訳［2012］『マイケル・ポーターの競争戦略』
　　早川書房

高橋宏誠［2010］『戦略経営バイブル』PHP 研究所

ディスクロージャー実務研究会編［2017］『株式公開白書　平成 30 年版』プロネ
　　クサス

日本 IPO 実務検定協会［2015］『IPO 実務検定試験公式テキスト（第 5 版)』中央
　　経済社

芳野剛史［2012］『不況を勝ち抜く予算管理ガイドブック』中央経済社

渡邉卓［2007］『これ 1 冊でできる・わかる事業計画書のつくり方』あさ出版

〔ウェブサイト〕

日本取引所グループ：http://www.jpx.co.jp/

札幌証券取引所：http://www.sse.or.jp/

名古屋証券取引所：http://www.nse.or.jp/

福岡証券取引所：http://www.fse.or.jp/

日本証券業協会：http://www.jsda.or.jp/

三菱 UFJ 信託銀行：「株式処分信託（特徴・ポイント）」：
　　http://www.tr.mufg.jp/shisan/kabusikishobun_01.html

〔規則・ガイドブック〕

日本取引所グループ「日本取引所グループ規則集」

東京証券取引所「コーポレートガバナンス・コード」

東京証券取引所「新規上場ガイドブック（市場第一部・第二部編)」

東京証券取引所「新規上場ガイドブック（マザーズ編)」

東京証券取引所「新規上場ガイドブック（JASDAQ 編)」

東京証券取引所「会社情報適時開示ガイドブック」

東京証券取引所「新市場区分の概要等について」

〈著者紹介〉

【監 修】

矢治　博之（やじ　ひろゆき）
　公認会計士　EY新日本有限責任監査法人　シニアパートナー
　これまで，主に上場会社の監査，上場準備会社の監査，支援業務に従事。主な担当業種としては，製造業，小売業，情報通信関連，不動産業など。IPO関係や内部統制関係など数多くのセミナー講師を担当。主な著書（共著）として，『初めて公開に携わる人の株式公開実務ガイド』(中央経済社)，『これですべてがわかる内部統制の実務』(中央経済社)，『監査役監査の基本がわかる本』(同文舘出版) など。

田中　博文（たなか　ひろふみ）
　公認会計士　EY新日本有限責任監査法人　シニアマネージャー
　JASDAQ証券取引所に出向し，上場審査部で上場審査業務に従事した経験をもつ。また，日本銀行への出向経験もあり，金融市場局で信用リスク管理を目的とした事業会社の企業分析に従事した。さらに，出向経験を活かして，ベンチャー企業の事業活動を支援するEY新日本クリエーション株式会社の設立に関与した。現在では，上場準備会社の監査に従事するほか，ベンチャー企業の発掘および支援業務に従事している。

【執筆者】（執筆順）

平川　浩光（ひらかわ　ひろみつ）［第1章］
　公認会計士　EY新日本有限責任監査法人　シニアマネージャー
　製造業，金融業，小売業，IT関連企業などの上場会社，上場準備会社の監査業務に従事するほか，株式上場（IPO）に関する制度調査・財務調査業務や，ベンチャー支援業務などに従事。また，中小企業のM&Aや事業承継の支援業務，事業再生支援業務にも従事。金融機関，公的機関などでセミナー講師なども担当する。

半田　公人（はんだ　きみひと）［第2章］
　公認会計士・税理士　半田公人公認会計士事務所　代表（元新日本有限責任監査法人）
　小売業，不動産，製造業，サービス業などの事業会社の会計監査に従事していた経験を活かし，上場準備会社等の内部統制構築に関する助言業務，株式上場（IPO）に関する制度調査・財務調査業務，ベンチャー支援業務などに従事するほか，事業承継支援業務，後継者育成支援業務にも従事。金融機関，経営者・後継者，資産家に向けた各種セミナー講師を歴任する。

齊藤　悟志（さいとう　さとし）［第3章］
　公認会計士・中小企業診断士　齊藤悟志公認会計士事務所　代表（元新日本有限責任監査法人）
　内閣府上席政策調査員としての業務経験あり。外食業，アパレル，不動産，海運，商社，半導体メーカー，化粧品メーカーなどの一般事業会社，金融機関の会計監査に従事するほか，上場会社などの内部統制構築に関する助言業務，株式上場（IPO）に関する制度調査・財務調査業務などに従事。金融機関，公的機関などで各種セミナー講師を歴任。著書に『株

式上場マニュアル』(税務研究会出版局)『金融マンのための「IPO 支援」業界別ガイドブック』(中央経済社)『社会に期待され続ける経営』(第一法規) など。

大野　大（おおの　だい）[第4章]

EY新日本有限責任監査法人　ディレクター

IPO 支援業務に従事し, 事業計画策定, 利益管理構築, 資本政策策定などのサポート業務を行う。金融機関, 公的機関, 大学などで多数のセミナー講師を担当。主な著書に『株式上場や資金調達のためのこれならわかる資本政策の実務ポイント』(税務研究会出版局),『ケーススタディ・データ分析による資本施策の実務』(税務研究会出版局),『実践事業計画書の作成手順（中経出版)』,『社会に期待されつづける経営』(第一法規),『資本政策の考え方と実務の手順』(中経出版) など多数。

左近司　涼子（さこんじ　りょうこ）[第5章]

税理士　EY新日本有限責任監査法人　シニアマネージャー

税務の知識を活用して, 上場準備会社や新規上場会社の支援業務に従事。主に資本政策・経営承継コンサルティングなどのトータル・アドバイザーなどの業務を展開。講師経験も豊富で, 金融機関, 公的機関などの数多くのセミナー講師を担当している。共著に『社会に期待されつづける経営』(第一法規),『キラキラ女性経営者を目指す！会社経営の教科書』(同文舘出版) などがある。

瀬戸山　広樹（せとやま　ひろき）[第6章, 第7章]

公認会計士　EY新日本有限責任監査法人　マネージャー

日本取引所自主規制法人の上場審査部に出向し, 上場審査業務に従事した経験をもつ。現在, さまざまな業種の上場準備会社の監査業務に従事している。また, 社内の IPO 品質担当として, 内部研修講師や外部研修講師を受けもっている。

衛藤　和也（えとう　かずや）[第8章, 第9章]

公認会計士　EY新日本有限責任監査法人　マネージャー

日本取引所自主規制法人の上場審査部に出向し, 上場審査業務に従事した経験をもつ。現在, さまざまな業種の上場準備会社の監査業務に従事している。また, 社内の IPO 品質担当として, 内部研修講師や外部研修講師を受けもっている。

小島　淳（こじま　じゅん）[第10章]

公認会計士　EY新日本有限責任監査法人　シニアマネージャー

株式会社大阪証券取引所に出向し, 上場審査業務に従事した経験をもつ。主として, IT 関連企業, 製造業, 飲食業などの事業会社の新規上場準備会社の監査業務に従事するほか, 上場会社, 上場準備会社の内部統制構築に関する助言業務, 株式上場（IPO）に関する制度調査・財務調査業務などを行う。

EY | Assurance | Tax | Transactions | Advisory

EY新日本有限責任監査法人について
EY新日本有限責任監査法人は，EY の日本におけるメンバーファームであり，監査および保証業務を中心に，アドバイザリーサービスなどを提供しています。詳しくは，www.shinnihon.or.jp をご覧ください。

EY について
EY は，アシュアランス，税務，トランザクションおよびアドバイザリーなどの分野における世界的なリーダーです。私たちの深い洞察と高品質なサービスは，世界中の資本市場や経済活動に信頼をもたらします。私たちはさまざまなステークホルダーの期待に応えるチームを率いるリーダーを生み出していきます。そうすることで，構成員，クライアント，そして地域社会のために，より良い社会の構築に貢献します。

EY とは，アーンスト・アンド・ヤング・グローバル・リミテッドのグローバルネットワークであり，単体，もしくは複数のメンバーファームを指し，各メンバーファームは法的に独立した組織です。アーンスト・アンド・ヤング・グローバル・リミテッドは，英国の保証有限責任会社であり，顧客サービスは提供していません。詳しくは，ey.com をご覧ください。

本書は一般的な参考情報の提供のみを目的に作成されており，会計，税務およびその他の専門的なアドバイスを行うものではありません。EY新日本有限責任監査法人および他の EY メンバーファームは，皆様が本書を利用したことにより被ったいかなる損害についても，一切の責任を負いません。具体的なアドバイスが必要な場合は，個別に専門家にご相談ください。

2014年 6 月10日	初 版 発 行
2015年 11月30日	第 2 版発行
2017年 12月12日	第 2 版 5 刷発行
2018年 5 月15日	第 3 版発行
2020年 1 月20日	第 3 版 4 刷発行
2020年 8 月20日	第 4 版発行　　　　　　　　　略称：上場ガイド(4)

IPO をやさしく解説！

上場準備ガイドブック（第4版）

編　者　　EY 新日本有限責任監査法人

発行者　　中 島 治 久

発行所　同 文 舘 出 版 株 式 会 社
　　　　東京都千代田区神田神保町 1-41　　〒 101-0051
　　　　営業（03）3294-1801　　編集（03）3294-1803
　　　　振替 00100-8-42935　　http://www.dobunkan.co.jp

© 2020 Ernst & Young ShinNihon LLC.　　　　DTP：リンケージ
All Rights Reserved.　　　　　　　　　　　印刷・製本：三美印刷
Printed in Japan

ISBN978-4-495-20024-4

JCOPY〈出版者著作権管理機構 委託出版物〉
本書の無断複製は著作権法上での例外を除き禁じられています。複製される場合は，そのつど事前に，出版者著作権管理機構（電話 03-5244-5088，FAX 03-5244-5089，e-mail: info@jcopy.or.jp）の許諾を得てください。

本書とともに〈好評発売中〉

キラキラ女性経営者を目指す！
会社経営の教科書

新日本有限責任監査法人
・Winning Women Network ［編］

A5判・192頁
定価（本体1,800円＋税）

監査役監査の基本がわかる本
（第3版）

新日本有限責任監査法人 ［編］

A5判・264頁
定価（本体2,700円＋税）